Comportamento do consumidor na era digital

Lisiane Lucena Bezerra
Jessica Laisa Dias da Silva

Rua Clara Vendramin, 58 . Mossunguê
CEP 81200-170 . Curitiba . PR . Brasil
Fone: (41) 2106-4170
www.intersaberes.com
editora@intersaberes.com

Conselho editorial
Dr. Ivo José Both (presidente)
Dr. Alexandre Coutinho Pagliarini
Drª. Elena Godoy
Dr. Neri dos Santos
Dr. Ulf Gregor Baranow

Editora-chefe
Lindsay Azambuja

Gerente editorial
Ariadne Nunes Wenger

Assistente editorial
Daniela Viroli Pereira Pinto

Revisão de texto
Camila Rosa
Mille Foglie Soluções Editoriais

Capa
Design: Iná Trigo
Imagem: davooda/Shutterstock

Projeto gráfico
Bruno Palma e Silva

Diagramação
Jakline Dall Pozzo dos Santos

Equipe de *design*
Débora Gipiela
Luana Machado Amaro

Iconografia
Regina Claudia Cruz Prestes

Dados Internacionais de Catalogação na Publicação (CIP)
(Câmara Brasileira do Livro, SP, Brasil)

Bezerra, Lisiane Lucena
  Comportamento do consumidor na era digital/Lisiane Lucena Bezerra, Jessica Laisa Dias da Silva. Curitiba: InterSaberes, 2021.

  Bibliografia.
  ISBN 978-65-5517-432-8

  1. Cibercultura 2. Comportamento do consumidor 3. Comunicação e cultura 4. Internet (Rede de computador) 5. Mídia social 6. Privacidade na internet I. Silva, Jessica Laisa Dias da. II. Título.

21-71511   CDD-658.8343

Índices para catálogo sistemático:

1. Comportamento do consumidor: Administração   658.8343

Cibele Maria Dias – Bibliotecária – CRB-8/9427

Foi feito depósito legal.
1ª edição, 2021.

Informamos que é de inteira responsabilidade das autoras a emissão de conceitos.
Nenhuma parte desta publicação poderá ser reproduzida por qualquer meio ou forma sem a prévia autorização da Editora InterSaberes. A violação dos direitos autorais é crime estabelecido na Lei n. 9.610/1998 e punido pelo art. 184 do Código Penal.

sumário

como aproveitar ao máximo este livro, 9

apresentação, 15

1
Mudanças causadas pela era digital, 19

1.1 Era digital: o que mudou?, 21

1.2 Do *off-line* para o *on-line*, 29

1.3 Relações sociais na internet: os grupos de referência, 33

1.4 Novo perfil do consumidor: geração *millennial*, 35

1.5 Evolução dos 4Ps com a era digital, 43

1.6 Cibercultura, 50

Síntese, 57

2
Serviços digitais no mercado: atributos e consequências, 59

2.1 Consumidor informado e o processo de compra, 61

2.2 Consumo ético e sustentável: marketing verde, 67

2.3 Novas formas de consumo: Spotify, Netflix, Kindle, *podcast*, 75

2.4 Dependência *versus* independência digital (*smartphones*, autosserviço), 82

2.5 Comportamentos nocivos na *web*, 86

Síntese, 89

3
Medidas protetivas: dever do Estado e direito de todos, 93

3.1 Internet e direitos autorais, 95

3.2 Direitos de privacidade, 101

3.3 Transgressão marca-consumidor e transgressão mídia-consumidor, 106

3.4 Vazamento de dados, 114

3.5 Resistências às medidas de segurança, 118

Síntese, 125

4
Os novos meios de consumo, 127

4.1 Consumidor-marca no meio *on-line*, 129

4.2 Canais de comunicação *on-line*, 137

4.3 O que são comunidades *on-line* de marca, 141

4.4 Como criar e gerenciar consumidores *on-line* de marca, 146

4.5 Cocriação de valor *on-line* 148

Síntese, 154

5
A atual cultura de consumo, 157

5.1 O que é engajamento, 160
5.2 Engajamento com mídias sociais, 161
5.3 A influência das avaliações *on-line* na decisão de compra, 167
5.4 Boca a boca eletrônico (eWOM), 169
5.5 eWOM negativo, 174
  Síntese, 179

6
O auxílio recíproco: marketing e consumidor, 181

6.1 Marketing de conteúdo, 183
6.2 Visibilidade de conteúdo: SEO e *links* patrocinados, 190
6.3 Uso de *influencers* para promover marcas e produtos, 195
6.4 Métricas do marketing *on-line*, 200
6.5 Tendências futuras, 203
  Síntese, 206

estudo de caso, 209
considerações finais, 215
referências, 219
bibliografia comentada, 229
sobre as autoras, 231

como aproveitar ao máximo este livro

empregamos nesta obra recursos que visam enriquecer seu aprendizado, facilitar a compreensão dos conteúdos e tornar a leitura mais dinâmica. Conheça a seguir cada uma dessas ferramentas e saiba como elas estão distribuídas no decorrer deste livro para bem aproveitá-las.

Conteúdos do capítulo
Logo na abertura do capítulo, relacionamos os conteúdos que nele serão abordados.

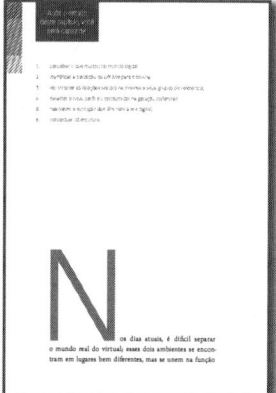

Após o estudo deste capítulo, você será capaz de:
Antes de iniciarmos nossa abordagem, listamos as habilidades trabalhadas no capítulo e os conhecimentos que você assimilará no decorrer do texto.

Exemplo prático
Nesta seção, articulamos os tópicos em pauta a acontecimentos históricos, casos reais e situações do cotidiano a fim de que você perceba como os conhecimentos adquiridos são aplicados na prática e como podem auxiliar na compreensão da realidade.

O que é
Nesta seção, destacamos definições e conceitos elementares para a compreensão dos tópicos do capítulo.

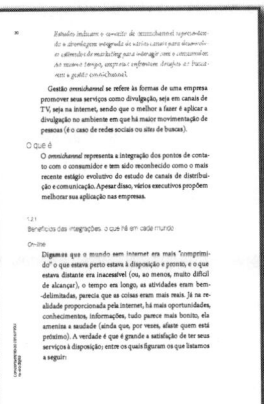

Exercícios resolvidos
Nesta seção, você acompanhará passo a passo a resolução de alguns problemas complexos que envolvem os assuntos trabalhados no capítulo.

Perguntas & respostas
Nesta seção, respondemos a dúvidas frequentes relacionadas aos conteúdos do capítulo.

Para saber mais

Sugerimos a leitura de diferentes conteúdos digitais e impressos para que você aprofunde sua aprendizagem e siga buscando conhecimento.

Síntese

Ao final de cada capítulo, relacionamos as principais informações nele abordadas a fim de que você avalie as conclusões a que chegou, confirmando-as ou redefinindo-as.

Consultando a legislação

Listamos e comentamos nesta seção os documentos legais que fundamentam a área de conhecimento, o campo profissional ou os temas tratados no capítulo para você consultar a legislação e se atualizar.

Estudo de caso

Nesta seção, relatamos situações reais ou fictícias que articulam a perspectiva teórica e o contexto prático da área de conhecimento ou do campo profissional em foco com o propósito de levá-lo a analisar tais problemáticas e a buscar soluções.

apresentação

Para dissertar sobre o comportamento do consumidor, apesar de este ser um assunto que está presente em todos os aspectos da vida humana, foi preciso voltar aos princípios das construções inovadoras.

Para que toda a tecnologia de informações se armasse, houve a necessidade de ampliar as comunicações. E podemos dizer, a principal função da tecnologia está em ligar os indivíduos em meio à infinidade de informações que o mundo oferece.

Reconhecendo que tudo o que existe apresenta pontos positivos e negativos, iniciamos comentando que as redes de internet oferecem informações rápidas, acesso a assuntos de diversas áreas, a liberdade de opinar e de fazer escolhas.

As mídias sociais proporcionam maior visibilidade para os negócios, ao articular a imagem das marcas e dos influenciadores. Nesse viés, há naturalmente a oportunidade de gerar lucros, empregos, maiores e melhores opções para os clientes, melhorias no atendimento ao público, possibilidades diárias de inovação e oferta para o mercado consumidor de novos caminhos de atratividades.

Contudo, se, por um lado, o ambiente virtual é um lugar de socialização, onde se pode trabalhar, planejar, gerenciar contas e documentos, efetuar pagamentos, comprar, vender, estabelecer novos vínculos sociais, estruturar negócios, por outro, nele se pode também sofrer prejuízos, tais como invasões e ataques cibercriminosos.

Destacamos neste livro alguns cuidados que o consumidor tem de tomar para se proteger de possíveis cibercrimes. Tratamos aqui de subtemas referentes a todos os engajes que a era digital produz, destacando o comportamento dos consumidores atuais, os quais apresentam novas demandas e especificidades.

O novo consumidor, munido das mais variadas informações, se mostra mais firme diante das decisões a tomar no momento de escolha final, requerendo das marcas mais dinamismo e condições favoráveis.

São diversas oportunidades e influências que as redes de comunicações produzem a favor do mercado econômico. Então, não pode faltar planejamento para oferecer os melhores atendimentos aos consumidores, pois é isso que eles buscam na decisão de compra.

E como isso acontece? Estudar o comportamento do público-alvo da empresa permite atrair de forma segura o engaje entre marca e cliente. Nesta obra, você analisará situações que certamente lhe são familiares e assuntos relacionados a seus interesses. Para tanto, articulamos aqui nossos comentários (como autoras) às fundamentações teóricas a fim de dinamizar a leitura. Boa leitura!

capítulo 1

Mudanças causadas pela era digital

Conteúdos do capítulo

- » Do *off-line* para o *on-line*.
- » Relações sociais na internet: grupos de referência.
- » Novo perfil do consumidor: geração *millennial*.
- » A evolução dos 4Ps com a era digital.
- » Cibercultura.

Após o estudo deste capítulo, você será capaz de:

1. perceber o que mudou no mundo digital;
2. identificar a transição do *off-line* para o *on-line*;
3. reconhecer as relações sociais na internet e seus grupos de referência;
4. detalhar o novo perfil do consumidor na geração *millennial*;
5. descrever a evolução dos 4Ps com a era digital;
6. conceituar cibercultura.

Nos dias atuais, é difícil separar o mundo real do virtual; esses dois ambientes se encontram em lugares bem diferentes, mas se unem na função de dinamizar a vida. O real valoriza o presente momento, o palpável, as sensibilidades; já o virtual considera os desafios oportunidades para alcançar o impossível.

Nessa leitura, versaremos sobre uma era ousada, que concedeu a todos mudanças comportamentais, facilidades em comunicação, a chegada desenfreada das notícias e outras numerosas possibilidades, criando uma nova cultura mundial.

Nada é como era antes; não adianta resistir diante do novo. Ao longo desta abordagem, proporemos refletir sobre a vida com e sem internet, comentando sobre como as pessoas resistem às modificações que o campo tecnológico inscreve. Uma conversa que antes seria dividida entre poucas pessoas, hoje acontece com várias pessoas ao mesmo tempo, o que é comum nos grupos virtuais. Também exploramos neste capítulo o sucesso do marketing digital e seus pilares para alcançar o público consumidor de maneira natural e espontânea.

Portanto, fazemos aqui um chamado a refletir acerca da comunicação nos dias de hoje, contemplando seus benefícios e seus desafios, a fim de lidar de maneira inteligente com isso, com vistas ao alcance dos melhores proveitos desse mecanismo chamado internet.

1.1
Era digital: o que mudou?

Muito se fala em transformação digital, mas como isso tem impactado as empresas e mudado a forma de desenvolver e disponibilizar produto? Basicamente, é importante saber de onde vem toda essa alteração digital.

A modificação digital vem das pessoas, do abalo tecnológico. O modo como as pessoas interagem com o meio e com outras pessoas (ou com marcas) se modificou.

A era digital se consolidou no fim do século XX, em meio à revolução dos fluxos de informática no planeta. Atualmente, passamos por mais uma transição social, que há muitos anos vem transformando a maneira de agir, pensar, trabalhar e se comunicar da população.

Segundo Mattos (2013, p. 8), a era digital

> É um momento de novos desafios para as mídias tradicionais e também para a análise de dados devido ao volume, variedade e velocidade com que são produzidos e distribuídos. Os desafios da comunicação, portanto, têm a ver com o processo de produção e distribuição de conteúdos, além de passar pela adaptação dos modelos de negócios praticados pelas empresas de mídia.

No Brasil, a internet chegou no início dos anos 1990 como uma rede de grande alcance internacional, devido a seu desenvolvimento nos anos 1980, período considerado a "década das redes".

Em 1999, a internet funcionava por discagem via telefone. O provedor de internet banda larga chegou ao país somente nos anos 2000.

Os *modems* da época não são parecidos com os roteadores atuais. Para acesso discado, os aparelhos eram componentes de *hardware* instalados internamente no computador ou ligados em uma porta de conexão. Além de arrastada, estava sujeita a preços abusivos, cobrados pelas operadoras de telefonia na época, já que, para entrar na internet, era preciso ocupar a linha telefônica.

Assim, a internet era uma ferramenta específica de estudo e trabalho em que se navegava apenas para conseguir o que se necessitava fazer – algo bem diferente do que ocorre hoje, em que a internet e a tecnologia fazem parte do cotidiano a ponto de fazer as pessoas dependentes delas, tanto na vida profissional quanto pessoal.

Sobre tecnologia e internet, Silva, Duarte e Souza (2013, p. 167) afirmam:

> *No mundo contemporâneo a tecnologia está em nosso entorno – automóveis, computadores, telefones, energia nuclear, naves espaciais, raio x, câmeras de filmagem, micro-ondas, todo o processo de criação de produtos que possibilitou uma melhor qualidade de vida. Entretanto, com a criação da internet – mentes colaboram nessa imensa aldeia global, cria-se uma nova sociedade da informação e comunicação, em que as bases de organização social em rede possibilitam novas frentes para um desenvolvimento criativo e sustentável.*

Diante do exposto, percebemos que a tecnologia e a internet estão inteligadas e, para um melhor entendimento, podemos citar que, atualmente, com os planos das operadoras de celular e as milhares de redes Wi-Fi públicas, a maioria das pessoas consegue ficar grande parte do dia conectadas. O grande problema não é mais esperar por um horário específico para acessar a internet, e sim saber o que fazer da vida quando se fica sem sinal.

Para saber mais

Sobre a relação entre tecnologia e internet, consulte a dissertação de Talyta Singer, indicada a seguir. Nela, a autora cita alguns exemplos de aplicação de internet, de agora ou do futuro, como a imagem de uma pessoa dirigindo um carro que vai mostrando a rota menos congestionada ao motorista; a casa que está sendo limpa por um aspirador de pó inteligente que trabalha sozinho. A autora também cita um exemplo do Rio de Janeiro, no qual sensores, câmeras e camadas de informação mostram trânsito e ocorrências diversas em tempo real no Centro de Operações.

SINGER, T. **Internet das coisas**: controvérsias nas notícias e redes temáticas. 134 f. Dissertação (Mestrado em Comunicação) – Universidade Federal da Bahia, Salvador, 2014. Disponível em: <https://repositorio.ufba.br/ri/bitstream/ri/24287/1/Talyta%20Louise%20Todescat%20Singer%20-%20Disserta%C3%A7%C3%A3o.pdf>. Acesso em: 13 jul. 2021.

As tecnologias e a internet da atualidade não são mais as mesmas das dos anos 1990, pois hoje as empresas não falam de si e não entregam informações e produtos. Esse trabalho se inverteu: são as pessoas que falam de produtos e serviços (bom ou ruim) consumidos por elas. São elas as fomentadoras de opinião.

Assim, Tomé (2011, citado por Silva, Duarte e Souza, 2013, p. 171), descreve:

> *A evolução tecnológica, que assistimos nos últimos anos, alterou profundamente o desenvolvimento das sociedades em termos políticos, econômicos e culturais, o que colocou a escola numa encruzilhada. Por um lado, exige-se que a escola forme cidadãos socialmente ativos, capazes de intervir e de provocar mudanças, cidadãos empreendedores que acompanhem o progresso nos diferentes níveis, seguindo um processo de formação permanente ao longo da vida. Por outro, não foram criadas condições para que a escola possa desenvolver essa missão com eficácia, designadamente em termos de formação inicial e contínua dos professores.*

As respostas do movimento social e da evolução tecnológica é que estimularam as empresas de tecnologia, como as *start-ups* e as *scale-ups*, a evoluir. A esse movimento aderiram as grandes companhias, inicialmente, e hoje qualquer mercadinho, oficina ou barzinho da esquina tem de seguir essa tendência.

No caso de uma empresa *start-up*, o plano de negócio tem como principal característica pequenos investimentos, os quais, mesmo incertos do sucesso, podem se transformar em uma grande empresa.

Portanto, compreende-se que a mudança é proporcionada pelas informações, que se diferenciam do *off-line* para o *on-line* por meio das formas que são propagadas. No *off-line* era recebida com mais lentidão, vinda de recursos mais próximos e funcionavam conforme a imposição do mercado.

Ao contrário do *off-line*, o *on-line* funciona com alta velocidade, permitindo que as pessoas alcancem informações do outro lado do mundo, para assim responder à massa de consumidores.

Dessa forma, em meio à concorrência, agradar o público é uma solução para continuar ativo no meio econômico.

1.1.1
As mudanças no cotidiano das pessoas

Em praticamente todas as casas existe alguém conectado à internet, o que influencia as pessoas ao redor. Isso porque a tecnologia e a internet são ferramentas capazes de prender a atenção e o interesse dos usuários; afinal, essa nova era já está firmada na humanidade. Até mesmo nossos pais e avós, que nasceram muito antes do mundo digital, são instigados ao uso de artefatos tecnológicos.

Assim, Fadanelli e Porto (2020, p. 33) declaram que:

> *Estamos rodeados de ações e atividades relacionadas com as tecnologias, especialmente as digitais, e a convivência com elas já pode ser considerada inevitável, uma vez que as pessoas estão conectadas a um novo espaço e a novas ferramentas de comunicação e interação que vêm transformando as relações pessoais e profissionais.*

Portanto, é inegável que a principal função das ferramentas digitais é dinamizar a vida, pois com elas os usuários podem se comunicar com indivíduos que vivem do outro lado do planeta, ter alguma aproximação com artistas famosos e até mesmo conhecê-los mais intimamente, afinal eles querem ter sua imagem cada vez mais vista, da melhor maneira, é claro. Assim, a internet faz dos desafios oportunidades para alcançar o impossível.

As notícias são rápidas e aquela fofoca familiar ou do vizinho distante chega no mesmo instante. Mais importante, tomemos como exemplo a pandemia de covid-19. Nesse momento, a velocidade das informações da internet foi de extrema importância para orientar a população sobre como se proteger, ficar alerta diante do número de pessoas contaminadas, seguir as orientações recomendadas pela Organização Mundial de Saúde, checar o número de vítimas da doença, entre outras informações.

Exemplo prático

A pandemia que teve início no ano de 2020 foi causada pelo coronavírus. A covid-19 foi identificada pela primeira vez em dezembro de 2019, em Wuhan, na China. A partir de então, com o fluxo de pessoas entre países, a doença se alastrou por todo o mundo, até que as autoridades superiores barraram os vôos, o comércio e a aglomeração de pessoas, a fim de evitar o alto índice de contágio e mortes por falta de assistência na saúde pública.

A velocidade das informações na internet e nas redes de televisão foi de extrema importância também para o acompanhamento das pesquisas para a produção de uma vacina, das medicações testadas e afins.

Quase tudo parou. Ninguém estava preparado para enfrentar tal pandemia, ainda mais causada por um vírus invisível. Contudo, no mundo virtual não parou, ultrapassando fronteiras em busca das melhores soluções para vencer o cenário apresentado e ampliar as possibilidades do consumo e do mercado em geral.

Estabelecimentos comerciais, bares e restaurantes fechados, o que se buscava, além da informação, era comida, água, remédios e combustível. Pode-se dizer que a companheira na quarentena foi a internet. Esta fez muita gente sorrir sozinha, passear sem sair de casa, praticar atividade física isolado, assistir a aula e a shows, tudo dentro de casa.

Com toda essa situação, foi possível notar o quanto somos frágeis, o quanto a internet ajuda com informações e resolução de diversos problemas. Ficou evidente que a tecnologia não é apenas um artefato do homem, ela já faz parte da vida humana.

Em verdade, a internet abre caminhos para a formação de pessoas autônomas, com oportunidades para uma vida ampla de conhecimentos, formação no mercado de trabalho, com espaços para abrir empresas, vender produtos, consumir, expor opiniões, divulgar projetos, passar e trocar ensinamentos.

A evolução digital vem transformando a vida. Hábitos e costumes estão em constante mudança. Isso vale para as pessoas e os mercados que precisam se espelhar nesse novo consumidor.

A teoria bimodal consiste de duas partes distintas em funcionamento nas empresas: o gestor tem como objetivo arraigar os conceitos de missão, visão e valores da empresa e tudo o que tem a ver com sua essência para garantir o pleno funcionamento das tarefas diárias dos colaboradores; mas também se vê diante das imposições do mercado e dos consumidores com todo esse avanço tecnológico.

Para saber mais

Leia o texto "Afinal, o que é TI Bimodal?". Nele, é abordado o conceito de gerenciar as áreas de tecnologia de uma companhia pela união de dois modos: o modo tradicional, que tem como foco a estabilidade e é estruturado, diminuindo a probabilidade de problemas ou panes nos sistemas; e o modo rápido ou flexível, que visa à entrega mais rápida, utilizando medidas nem sempre convencionais, mas gerando vantagem competitiva pela celeridade.

GAEA. **Afinal, o que é TI bimodal?** Disponível em: <https://gaea.com.br/afinal-o-que-e-ti-bimodal/>. Acesso em: 25 jan 2021.

Qualquer sujeito da atualidade pode obter informação, contribuir com a produção de conteúdo e disseminá-lo. Contudo, há o lado negativo da iternet e nele estão os dissabores das *fake news*, notícias falsas que, na maioria das vezes, são publicadas para ferir a reputação de pessoas e/ou empresas.

Diante desse problema, o senado brasileiro apresentou uma lei para punir pessoas que usam o meio digital para publicar inverdades; trata-se do Projeto de Lei n. 2.630, de 2020 (Brasil, 2020). Também denominado Lei das *Fake News*, o projeto de lei foi proposto pelo Senador Alessandro Vieira (SE). Em razão da falta de consenso entre os senadores e das divergências apresentadas pela sociedade, a votação desse PL ocorreu somente no dia 30 de junho daquele ano. Em uma sessão virtual, o texto final do PL foi aprovado com 44 votos favoráveis e 32 votos contrários, seguindo para tramitar na Câmara dos Deputados.

Para saber mais

No livro *Acredite, estou mentindo: confissões de um manipulador de mídias* de Ryan Holiday, o autor declara que manipulou a promoção de empresas e políticos para alcançar o topo do sucesso. Por causa da fragilidade do público, Ryan alerta sobre temas que parecem ser verídicos, mas não são.

É possível que você já tenha compartilhado algum tipo de notícia ou *link* malicioso sem pretensão alguma; por isso, todo usuário tem de ficar atento e ter a certeza do que está compartilhando e, em caso de dúvida, o melhor é não compartilhar.

HOLIDAY, R. **Acredite, estou mentindo**: confissões de um manipulador de mídias. São Paulo: Companhia Editora Nacional, 2012.

1.2
Do *off-line* para o *on-line*

Você já tomou um choque de realidade e percebeu que as coisas não são como eram antes? Calma! Não se sinta sozinho, é difícil calcular todo o choque da internet atualmente, porque agora ela está presente em tudo, de modo tão invisível quanto visível. Ela mudou a forma como os indivíduos trabalham, se comunicam, gastam seu tempo ou fazem compras.

Nunca houve tanta facilidade nas atividades práticas diárias. Tudo está a um clique. Contudo, para além da agilidade e do conforto, o que mais chama a atenção é o contato entre pessoas e entre empresas que certamente não se encontrariam no mundo *off-line*.

Assim, analisando todo o choque da rede de internet, não podemos analisar somente certa parte, porque tudo se interinfluencia. É difícil detectar todas as alterações, mas podemos citar as de maior desempenho nas relações humanas: o trabalho e a comunicação.

A vida já não é como era antes da internet. Continuamente, a rede toma conta de quem somos, de como nos relacionamos e como agimos. Temos que estar abertos e preparados para as adaptações tecnológicas que surgem repentinamente.

Então, como você já faz parte desse meio, fica mais fácil para se adequar às novas mudanças que a internet provoca constantemente, pois isso é inevitável, e com o passar dos tempos vamos ver o mundo *on-line* crescendo cada vez mais.

Sobre tecnologia e consumidor, Andrea Rios Santos Teixeira (2017, p. 7) pondera que:

> *Consumidores podem utilizar diversos dispositivos (celulares, smartphones, tablets, computadores) e canais online e offline, compondo uma complexa jornada de compras.*

Estudos indicam o conceito de omnichannel *representando a abordagem integrada de vários canais para desenvolver estímulos de marketing para interagir com o consumidor. Ao mesmo tempo, empresas enfrentam desafios ao buscarem a gestão* omnichannel.

Gestão *omnichannel* se refere às formas de uma empresa promover seus serviços como divulgação, seja em canais de TV, seja na internet, sendo que o melhor a fazer é aplicar a divulgação no ambiente em que há maior movimentação de pessoas (é o caso de redes sociais ou *sites* de buscas).

O que é

O *omnichannel* representa a integração dos pontos de contato com o consumidor e tem sido reconhecido como o mais recente estágio evolutivo do estudo de canais de distribuição e comunicação. Apesar disso, vários executivos propõem melhorar sua aplicação nas empresas.

1.2.1
Benefícios das integrações: o que há em cada mundo

On-line

Digamos que o mundo sem internet era mais "comprimido" o que estava perto estava à disposição e pronto, e o que estava distante era inacessível (ou, ao menos, muito difícil de alcançar), o tempo era longo, as atividades eram bem-delimitadas, parecia que as coisas eram mais reais. Já na realidade proporcionada pela internet, há mais oportunidades, conhecimentos, informações, tudo parece mais bonito, ela ameniza a saudade (ainda que, por vezes, afaste quem está próximo). A verdade é que é grande a satisfação de ter seus serviços à disposição; entre os quais figuram os que listamos a seguir:

- » **Celeridade na busca por notícias**
  A internet oferece ferramentas sociais que auxiliam nessa precisa fonte, ou seja, basta uma postagem para que seus usuários fiquem por dentro das últimas notícias. Isso é uma função que as pessoas aprovam e prezam, pois anseiam estar atualizadas.

- » **Comodidade para comparar preços sem sair de casa**
  Com os espaços comerciais virtuais, as buscas aumentaram, procura pelos melhores preços, boa qualidade, melhor acesso. Mesmo que a loja esteja a 10 km da sua casa, é comum o consumidor pesquisar antes de sair. Pequenas e grandes empresas já contam com aplicativos e espaço virtual para disponibilizar aos clientes suas promoções, um fator que atrai a clientela, chamado informação. Versaremos mais detalhadamente sobre esses fatores adiante.

- » **Possibilidade de trabalhar a distância**
  Exercer a profissão no mundo virtual é a estratégia que muitos adotam para conquistar certa independência no que se refere a horários de trabalho e cobranças do chefe.

- » **Possibilidade de fazer entrevistas de recrutamento via computadores e celulares**
  Essa forma ajuda as empresas a encontrar o perfil dos funcionários que almejam, simplesmente com um contato breve virtual, auxilia na rapidez de contratação, fazendo um bem para o meio ambiente em não acumular papelada.

» **Maior probabilidade de paciência e tolerância entre as pessoas**
Tudo era mais devagar em relação à nova era, as notícias eram recebidas no telejornal por volta de 20h30min ou no rádio às 6h, com as notícias do local ou então quando a vizinhança se reunia na calçada à tarde para bater um papo e alguém trazia alguma novidade vinda do centro da cidade.

» **Maior proatividade em pesquisas escolares**
As buscas eram feitas em livros didáticos, enciclopédias compradas no crediário e jornais/revistas.

» **Sair de casa para o trabalho**
A melhor parte do dia era quando toda a família se reunia durante as refeições; depois de um longo dia de trabalho o melhor lugar era o lar. Não existia aparelhos digitais para atrapalhar os vínculos em família, nos enchendo de informações, mostrando as ilusões da vida alheia.

Nos anos 2000, os usuários da internet ganharam mais uma companheira em seus lares, companheira essa que quis espaço para levar para casa uma bagagem de informações e tarefas. Os assuntos de trabalho podem ser discutidos de casa e com a garantia de crescimento dos negócios, pois para os grandes empreendedores a internet oferece maior visibilidade para o negócio e, por conseguinte, mais chances de sucesso.

Assim, sobre as empresas *off-line*, Andrea Teixeira (2017, p. 17) disserta:

> *Empresas* offline *em transição de poucos para muitos pontos de contato e canais que devem estar integrados para o consumidor, ou seja, para uma abordagem* omnichannel,

seguem uma lista de iniciativas práticas que geram valor pela intersecção de pontos de contato pouco coordenados. Coletivamente, essas iniciativas endereçam soluções na gestão da diversidade de jornadas e da cooperação entre canais. É necessária uma disciplina de gestão para compreender a heterogeneidade de consumidores e como se comportam em cada etapa da jornada de compras.

De fato, as empresas devem aderir ao *on-line*, sem prescindir de seu espaço físico, de modo a atender uma demanda maior e ampliar sua rede de consumidores, gerar lucros altos. Já não resta dúvida: os mercados consumidores *off-line* e *on-line* são, atualmente, indissociáveis.

1.3
Relações sociais na internet: os grupos de referência

A internet construiu sua identidade por meio da comunicação e, com o passar do tempo, vem se modificando e se expandindo com suas ferramentas cada vez melhores no que diz respeito a informação e contatos.

Uma das ferramentas mais amplas são as redes sociais, sendo que cada uma apresenta uma especificidade, a qual deve ser identificada pelas marcas/empresas para que consigam aproveitar ao máximo o potencial de contato com o consumidor/usuário. A seguir. listamos algumas redes mais famosas:

- » **TikTok**: Recebe vídeos curtos, atrai uma clientela mais jovem.
- » **Facebook**: O grande rei das redes sociais, com 2,27 bilhões de usuários, conta com o Animoto, um sistema de arrastar e soltar para a criação de vídeos incríveis.
- » **Instagram**: Disponibiliza o Magisto, o qual permite que o telefone crie vídeos para os usuários.

» **LinkedIn**: É a rede social de negócios, voltada à manutenção de relações com colegas de trabalho e outros profissionais, permitindo também a procura de empregos.

1.3.1
Os conflitos no mundo das relações virtuais

Na atualidade, muitos jovens e adolescentes apresentam transtornos de ansiedade. Tem sido debatida a hipótese de que uma das causas para tais transtornos emocionais são as cobranças relacionadas aos padrões que a sociedade impõe.

De fato, há milhares de pessoas que se mostram de um jeito para satisfazer não a suas próprias vontades, mas para agradar seus seguidores. Sendo assim, as redes sociais são palco de espetáculos cujo público anseia se deslumbrar com a melhor versão da pessoa proprietária do perfil. Essa versão, em geral, é uma ilusão.

A realidade de parte dos usuários que expõem sua vida nas redes pode ser totalmente contrária ao que aparece nas postagens. Em verdade, as redes sociais, para muitos, servem de maquiagem para cobrir uma vida que não condiz com o que se vê.

Outra porção de usuários se restringe a visualizar as postagens de outros indivíduos, recolhendo-se e achando que sua vida é bem diferente do normal daquele público, sendo, muitas vezes, levadas à tristeza e à insatisfação com suas próprias existências.

Alguns ostentam aquilo que de fato possuem, têm prazer em mostrar *status* para elevar o ego, ouvir elogios, isso faz bem a esses indivíduos. Há sujeitos que adoecem quando ninguém comenta suas postagens e isso aumenta o número de pessoas ansiosas, nervosas e com síndromes psicológicas.

Contudo, existem usuários saudáveis, que usam as redes sociais para fazer o bem, com campanhas de doações, denúncias públicas, para ajudar a encontrar pessoas desaparecidas etc.

Nessa nova era, a comunicação foi revista: as fronteiras estão liberadas para falar com pessoas do outro lado do mundo. É preciso saber aproveitar esse potencial

1.4
Novo perfil do consumidor: *geração millennial*

A prática de consumir nasceu com os primórdios da humanidade; afinal, já no início da civilização humana vestir, calçar, comer, beber, ter moradia se impunham como necessidades para o homem.

Em um salto temporal, nesta seção, abordaremos a relação entre o consumidor e a geração *millennial*.

Antes de prosseguirmos, porém, temos de esclarecer tais conceitos. **Consumidor** é a pessoa física ou jurídica que faz uso de algo para suas necessidades em geral. Já *geração millennial*, que também é conhecida como *geração Y*, diz respeito às pessoas nascidas entre a década de 1980 e o início dos anos 2000.

De acordo com Kupperschmidt (2000, citado por Comazzetto et al., 2016, p. 146),

> *uma geração pode ser entendida como um grupo identificável que compartilha os mesmos anos de nascimento e, consequentemente, viveu os mesmos acontecimentos sociais significativos em etapas cruciais do desenvolvimento. Assim, para compreender como uma geração difere da outra, é preciso que se perceba como cada uma delas forma um conjunto de crenças, valores e prioridades.*

Dessa forma, Veloso et al. (2008), classificam-se como gerações de profissionais ativos a geração *baby boomer*, *a geração X e a geração Y*.

A *geração dos baby boomers* engloba os nascidos até 1964, indivíduos que tendem a ser mais motivados e otimistas, buscando oportunidades de inserção econômica em diversas ocupações no campo do trabalho social. Ainda, valorizam o *status* e a ascensão profissional dentro da empresa, sendo leais e altamente comprometidos.

A *geração X* abrange os nascidos entre 1965 e 1977. Essa geração encontrou um cenário de mudanças na família, com pai e mãe trabalhando, sentimentos de culpa das mulheres pela ausência do lar, gerando dificuldades de colocar limites em seus filhos.

> *No trabalho, a percepção de que adultos leais à empresa perderam seus postos estimulou a tendência de desenvolver habilidades que melhorassem a empregabilidade, já que não se poderia mais esperar estabilidade. As pessoas da Geração X tendem a serem* [sic] *individualistas, irreverentes, autoconfiantes; valorizam muito a lealdade a si mesmas, já que a aspiração de conseguir um emprego por toda a vida deixou de existir. No ambiente de trabalho, gostam de variedade, desafios e oportunidades, querem trabalhar com liberdade, flexibilidade e sentem necessidade de feedback. Costumam adotar uma postura mais cética e defendem um ambiente de trabalho mais informal e hierarquia menos rigorosa. Essa geração carrega o fardo de ter crescido durante o florescimento do downsizing corporativo, ou seja, a diminuição da burocracia corporativa desnecessária, que afetava a segurança no emprego. (Comazzetto et al., 2016, p. 147)*

A geração Y, também chamada *geração do milênio, geração da internet* ou *milênicos* (do inglês *millennials*), é um conceito em sociologia que se refere à corte dos nascidos após o início da década de 1980 até, aproximadamente, o final do século.

A geração *millennial* é a que transitou dos tempos de ausência tecnológica para a aparição da internet e com ela os meios e plataformas digitais. Sendo assim, conforme Comazzetto et al. (2016, p. 147), a geração Y são os nascidos de 1978 até o início da década de 2000 e que

> *Cresceram em contato com as tecnologias de informação e são mais individualistas. Quando as pessoas dessa geração começaram a nascer, encontraram o Brasil passando por grande instabilidade econômica e, pouco depois, reinstalando a democracia. Já no cenário mundial, presenciaram a cultura da impermanência e a falta de garantias, em decorrência dos mercados voláteis. É a primeira geração da história a ter maior conhecimento do que as anteriores na tecnologia. Convivendo com a diversidade das famílias, tendo passado a infância com a agenda cheia de atividades e de aparelhos eletrônicos, as pessoas dessa geração são multifacetadas, vivem em ação e administram bem o tempo. Captando os acontecimentos em tempo real e se conectando com uma variedade de pessoas, desenvolveram a visão sistêmica e aceitam a diversidade.*

O novo mundo de informações se transforma num desafio para parte das pessoas que não estão aptas ao domínio virtual, pois torna-se difícil lidar com tanta informação e resposta para tudo. E isso demanda adaptação e compreensão, e isso leva tempo.

Para saber mais

O artigo indicado a seguir apresenta um estudo comparativo das três gerações ativas no mercado de trabalho: a geração Y, a geração X e os *baby boomers*.

COMAZZETO, L. R. et al. A Geração Y no mercado de trabalho: um estudo comparativo entre gerações. **Psicologia: Ciência e Profissão**, v. 36, n. 1, p. 145-157, jan./mar. 2016. Disponível em: <https://www.scielo.br/pdf/pcp/v36n1/1982-3703-pcp-36-1-0145.pdf>. Acesso em: 14 jul. 2021.

Atualmente boa parte da população mundial estão submetidas a leis que asseguram seus direitos a educação, saúde, liberdade de expressão, entre outros. Com os avanços da tecnologia, acontecem também alterações no modo de viver, e foi exatamente assim que surgiu a geração do milênio, tudo muito rápido!

A esse respeito, Vaz (2010, p. 415) faz a seguinte afirmação:

> *A internet deixou de ser uma mídia para ser um ambiente. Uma brecha virtual no espaço – tempo no qual temos experiência de entretenimento, de troca e acúmulo de informações, de comunicação e de compras. Torna-se cada dia uma maneira de exercermos cada vez mais nossa cidadania, a nossa própria condição humana na era da informação e conhecimento.*

Há pouco tempo enviava-se um fax, uma carta, ouvia-se música no CD e as notícias ao lado do rádio, mas essas atividades foram substituídas por máquinas digitais como computadores e celulares. Músicas, livros, revistas, filmes e até mesmo o noticiário invadiram as plataformas digitais. De repente, a vida humana deu espaço pra uma nova era, marcada por celeridade, tecnologia, informação e comunicação ao alcance das mãos.

O fax (Figura 1.1) era usado para enviar cópias de documentos originais e foi substituído por impressoras e *scanners* coloridos.

Figura 1.1 – Antigo aparelho de fax

Com isso, vivenciou-se a dificuldade de se comunicar com alguém distante, obter informações profundas de uma alimentação saudável, ou apenas ouvir a narração do jogo e ter de imaginar a movimentação dos jogadores em campo. Naturalmente, nesse período, muitos consideram que se dava mais valor ao que estava presente e se vivenciava com mais intensidade os momentos entre família e amigos. Assim, o marco da geração *millennial* se adaptar e aceitar as mudanças globais pode ser relacionado à conectividade ao alcance das mãos, especialmente nas telas do *smartphone*.

Analisando as mudanças pelo viés mercadológico e de consumo, conforme Rabelo (2020), as principais características do consumidor *millennial* são:

» Acreditam na força *streaming*, que são conteúdos transmitidos pela internet como *blogs*, redes sociais, *e-mails*. Exemplo: uma empresa física hoje em dia tende a alcançar mais êxito quando adquire seu espaço nas plataformas digitais.

» Ao escolher um produto, pautam-se nas críticas e não nas mídias tradicionais. Exemplo: como o cenário de comunicação está amplo, as pessoas tendem a expor suas opiniões sobre os assuntos e registrá-los na internet; logo, se algum produto receber elevado índice de criticas, sejam positivas, sejam negativas, seu consumo será impactado.

» Buscam veracidade dos fatos para que não sejam trapaceados; uma fonte importante para os *millennials* é o *blog*, já que são tidos como mais verdadeiros. Exemplo: como dito no ponto anterior, a saída do produto terá relevância conforme os comentários expostos.

» Preferem ter relação com a marca de vendas, ou seja, o trabalho de se aproximar será da empresa que naturalmente irá ganhar a confiança dos *millennials*. Exemplo: consumidores fiéis, assim como todos que gostam de algo, tendem a manter um relacionamento com a marca/empresa; por isso, é essencial manter e estreitar laços com consumidores dessa geração.

» Optam por fazer parte da empresa, compartilham sucesso juntos. Exemplo: influenciadores digitais usam a marca e divulgam, como forma de *status*, gerando influência e publicidade. Essa prática é muito comum especialmente no mercado de moda e estética.

» Adquirem com rapidez novos aparelhos eletrônicos. Exemplo: para acompanhar os avanços tecnológicos, é preciso se atualizar de acordo com as reformas digitais.

Sendo assim, a empresa/marca tem de conhecer bem seu público para atender à lista de exigências.

1.4.1
Contribuições dos mecanismos digitais

Inicialmente, destacamos os benefícios do surgimento digital no mundo comercial. Conforme Procenge (2021) são eles:

» **Crescimento da clientela**: As pessoas estão buscando qualidade e opções variadas de itens; tanto as empresas têm caminhos amplos para conquistar clientes como os clientes têm acesso rápido nas buscas de produtos variados.

» **Alcance dos clientes**: Como uma empresa pode ir até um cliente? Isso é muito simples hoje, afinal estamos falando de evolução digital no século XXI. Quem poderia imaginar que a escolha de produtos estaria ao toque dos dedos!?

» **Sugestões de melhoria**: Não obstante as dificuldades que impõe ao negócio, a concorrência serve para estimular novos projetos e incentiva melhorias. Por exemplo: quando uma empresa passa a ter um concorrente, tende a buscar ser melhor para agradar sua clientela. Consequentemente, as melhorias virão, mesmo que isso seja feito em um longo prazo.

» **Trabalhar conforme o crescimento tecnológico**: Não adianta manter todas as formas tradicionais no mundo econômico, se boa parte das pessoas desconhecem essa forma e daqui um tempo vão até esquecer e estranhar o antigo modelo. É necessário se adaptar diante das vendas digitais, dos novos modelos publicitários, das inovadoras formas de pagamento, do atendimento ao público em ambiente digital e da imagem virtual da empresa.

Para saber mais

Assista ao vídeo indicado a seguir, o qual versa sobre a utilização do Instagram para divulgar um *e-commerce* e aumentar as vendas em uma loja virtual, que é atualmente uma das melhores estratégias de marketing digital.

UNIVERSIDADE ECOMMERCE. **Mais clientes e mais alcance para sua loja nos stories do Instagram**. 28 jul. 2019. Disponível em: <https://www.youtube.com/watch?v=BOoM1Z2YeDg>. Acesso em: 21 maio 2021.

O meio digital, por ser uma ferramenta para o crescimento de empresas comerciais e vendedores autônomos, também exige a atenção cuidadosa referente ao público, pois pessoas usam os mecanismos digitais para fraudar vendas e enganar consumidores para obter ganhos. Por isso, é essencial verificar os *sites* de compra para ter mais segurança.

1.4.2 Amplo acesso às informações

Na transição para o novo milênio, a rede de comunicações deu um salto e o acesso deu início a uma nova fase com a rede de internet. O *networking* de computadores foi acompanhado pelo *networking* de seres humanos.

O que é

Networking é um termo inglês que designa uma rede de relacionamentos e socialização, isto é, a troca de informações entre pessoas de modo a gerar e receber naturalmente conhecimentos de diversos assuntos e áreas.

Assim, conforme Kotler (2010, p. 31),

> *A computação em rede permitiu maior interação entre os seres humanos e facilitou a difusão do compartilhamento de informações pelo boca a boca. Tornou as informações onipresentes, e não mais escassas. Os consumidores tornaram-se bem conectados e, assim, bem informados.*

Considerando a chegada da internet, é possível notar as oportunidades que ela oferece. O mercado consumidor cresceu de forma significativa, a ponto de favorecer grandes empresas. Pessoas que visualizaram essa oportunidade conseguiram criar, manter e até ampliar seus negócios. De algum modo, o mercado consumidor foi presenteado com as inúmeras ferramentas que a internet disponibiliza para seus usuários, ainda que nem todos tenham acesso a elas.

Em 2019, uma pesquisa realizada pelo Centro Regional e Estudos para Desenvolvimento da Sociedade da Informação (Cetic), 74% da população tinha acesso à internet, o que correspondia a 134 milhões de pessoas e 71% dos lares do país. Muitas pessoas apontam que a falta de acesso está relacionada às condições financeiras, que impede a inclusão dos aparelhos digitais em suas vidas e o pagamento das redes de internet.

1.5
Evolução dos 4Ps com a era digital

Os 4Ps (produto, preço, promoção e ponto) são os quatro pilares da estrutura de apoio e desenvolvimento estratégico do marketing. Em outras palavras, o marketing precisa de uma pedagogia para alcançar caminhos de sucesso, e os 4Ps auxilia nesse processo.

Exemplo prático

Quando um cliente é recebido com respeito e se sente importante pelo simples fato de ser chamado pelo nome, mesmo que ele não tenha tanto interesse no produto que a empresa está oferecendo, ele vai sentir segurança e desejo de voltar. Com isso, é provável que deixe nas mãos da loja seu pedido, esta buscará aquilo para oferecer ao cliente e o fidelizará se o processo for exitoso.

Ao contrário do que a maioria das pessoas pensam, o marketing não visa exclusivamente à venda de produtos; seu propósito é estudar as melhores formas de conquistar o público consumidor, para que assim seu produto seja buscado e comprado espontaneamente.

Exercício resolvido

O marketing é utilizado por diversas organizações como uma ferramenta para atrair clientes. Dessa forma, ante o crescente progresso da tecnologia e do constante crescimento da internet, surgiu o marketing digital. Este possibilita a interação *on-line* entre organização e consumidores. Sendo assim, sobre o marketing digital pode-se afirmar que:

a) Ao longo das décadas, o marketing se aperfeiçoou originando o marketing de relacionamento, que não trouxe melhorias para organização e clientes.

b) Para analisar o marketing digital, deve-se entender o marketing tradicional, que surgiu de um processo meramente funcional, com a venda e distribuição de produtos.

c) O marketing digital decorre da diminuição da utilização da internet no meio social.

d) Muitas organizações utilizam o marketing digital para atrair mais clientes, sendo que, para implantar esse marketing, a empresa não precisa seguir nehuma ação estratégica.

Gabarito: *b*

A alternativa está correta, pois, para analisar o marketing digital, deve-se entender o marketing tradicional, que se originou de um processo meramente funcional, com a venda e distribuição de produtos e ao longo das décadas evoluiu para o marketing de relacionamento, que buscou melhorar a relação entre organização e clientes.

Podemos ver o marketing como um jogo cheio de regras cujo objetivo é atrair o público-alvo. Tudo para fazer em cada estratégia um placar positivo.

1.5.1
Significado e funcionamento dos 4PS no meio virtual

A Empresa Junior Mackenzie Consultoria (2021) cita que toda empresa conta com seu produto e a intenção é liberar sua saída com sucesso e obter retorno financeiro. A metodologia dos 4Ps surgiu em 1960, graças ao professor Jerome McCarthy e foi amplamente divulgada por Philip Kotler. Com o tempo, os 4Ps tiveram sua aplicação alterada em certos pontos.

Assim, para um melhor entendimento e conforme a Empresa Junior Mackenzie (2021), especificaremos cada um desses 4Ps.

Produto

É tudo aquilo que a empresa oferece no mercado consumidor. Um piscólogo oferece suas consultas como produto do mercado em que está inserido.

De início, os consumidores tiveram de se adaptar ao produto que a empresa oferecia, sem meios de pesquisa, não havia opções. O foco era no produto, deixando o consumidor sem algo melhor e mais atraente, por falta de acesso à informação e opção.

Com as mudanças, veio à tona a variedade de concorrentes e o centro passava a ser o consumidor. Em vez de focar no produto, o hábito agora é estudar o cliente, pois, com tanta concorrência é imprescindível destacar-se no mercado.

Uma boa dica é visualizar o que atrai o público dominante do negócio, as facilidades de atendê-los, oferecer melhor atendimento e ser ousado no projeto.

Preço

Como eram feitos produtos em grande escala, os custos tendiam a ser mais baixos. Agora, a concorrência é ampla e disputa os melhores preços, o mercado define o valor e o cliente faz sua escolha.

Promoção

Muitas pessoas acham que o P de promoção é o menor preço do produto, mas tem outros aspectos para liberar a promoção do produto, que são os descontos de vendas.

Esperar por uma promoção vale a pena! Agradar o cliente com um desconto pode dar início a um relacionamento entre a loja e o cliente.

Quando a empresa quer fazer a limpeza no estoque, lança os descontos maiores para viabilizar a saída, busca patrocínios em troca de divulgação, ou seja, qualquer ato que permite vender mais é uma promoção, seja em diminuir o valor ou patrocinar para ser divulgado.

Perguntas & respostas

As lojas de grife, por exemplo, vendem roupas caríssimas, ao passo que outras lojas, mais populares, praticam preços de fábrica. O consumidor pode assumir duas posturas: uma considerando que a qualidade da roupa é boa e vale a pena pagar caro; outra acreditando que uma concorrente está vendendo o mesmo modelo da peça mais barato. Qual dos dois tipos de loja tem mais vantagem?

Ao certo seria a que está disponibilizando a peça mais em conta, mas o que pode levar vantagem é a disponibilidade de informações do produto e, claro, a qualidade. Em uma loja física, o cliente logo vai conseguir diferenciar a qualidade do item, mas nas lojas virtuais não é tão simples distinguir esse detalhe; por isso, quanto mais informações precisas do produto houver, mais vantagens a loja terá nas vendas.

Praça

Esse P refere-se ao ponto comercial, ou seja, o local de vendas, cuja determinação pode ser crucial para o negócio. Por exemplo, parece pouco acertado instalar um bar em frente ao cemitério; já montar uma farmácia próximo a um hospital parece ser o ideal.

No meio virtual as redes sociais estão contribuindo para a divulgação de produtos e abertura de lojas, facilitando as vendas. Com isso, o comércio virtual se expandiu e alcançou seu público, permitindo facilidade no acesso e nas buscas.

O tipo de rede social também influencia na saída do produto. É preciso identificar se o negócio é compatível com cada rede social, se será possível encontrar ou conquistar clientes nela.

Sendo assim, de forma breve, os 4Ps devem caminhar juntos em função do avanço da comercialização; afinal, um está ligado ao outro. Produto para vender, preço para lucrar, praça para sustentar e promoção para agradar. Nada em função de concorrência, explicitamos aqui que o foco é no consumidor. Fica a dica!

Portanto, existem outros mecânismos que auxiliam no processo inovador do marketing digital, são eles:

Pesquisa

A porta de entrada para o consumo é a pesquisa, a qual movimenta os dois lados da moeda; tanto empresas, quanto consumidores tendem a se embasar nas pesquisas para conseguir o que almejam. As empresas pesquisam pelo público específico, em busca de melhorias no atendimento; já os consumidores, durante a pesquisa, buscam uma diversidade de produtos, preços, qualidades, modalidades, sempre se orientando segundo suas exigências.

Planejamento

Uma visão mais detalhada dos consumidores a serem atendidos é de fundamental importância para iniciar o planejamento, pois o sucesso do markenting, como já informamos, está na conquista dos clientes.

Exemplo prático

Quando uma loja de itens esportivos divulga sua marca, tem de saber qual é a opção que a clientela prioriza. É o preço ou a qualidade? Qual é a numeração predominante? Quais são as tendências da moda *fitness*?

Cabe também no planejamento a revisão da situação financeira da empresa para que os gastos não ultrapassem os limites e as formas de como e até quando expor as campanhas publicitárias.

Produção

Produção é a prática de tudo aquilo que foi planejado. Envolve produzir vendas, disponibilizar produtos específicos ou diversificado, justificar de forma indireta os valores cobrados pelas peças.

Se for um preço mais alto, certamente os itens terão um reconhecimento maior no mercado por sua marca; se for um preço menor, nada de desqualificar o produto, e sim colocá--lo em posição de qualidade.

O objetivo é atrair clientes, disponibilizando as devidas informações, fazer o produto ser visto com bons olhos através de divulgação e sociedade.

Publicação

Publicar é fazer a empresa ser notada, claro que de forma positiva. Utilizar as redes sociais para divulgar a empresa contribui para sua valorização e para o aumento do número de consumidores.

As publicações espontâneas em que a empresa é marcada, com algum item da loja, pode naturalmente abrir espaço para que outros clientes surjam e o consumo cresça.

A publicidade pode acontecer de outras formas, como em vídeos, imagens ou em conteúdos textuais. Publicar nas plataformas digitais é uma das formas de se alcançar maiores números de consumidores, quando a empresa tem seu espaço virtual da mesma forma, amplia as chances de bons lucros.

Exercício resolvido

O marketing é um processo social, com o desenvolvimento, a oferta e a livre negociação, as pessoas adquirem os produtos ou serviços de que necessitam. Muitas vezes, a função de marketing é confundida com vender produtos; no entanto; as vendas são apenas uma parte do marketing. Assinale a alternativa que apresenta o objetivo principal do marketing.

a) Fazer a empresa alcançar sua visão.
b) Engajar colaboradores.
c) Conhecer e entender tão bem o cliente, adequando o produto ou o serviço a ele e fazendo a venda acontecer naturalmente.
d) Fidelizar clientes e fazer a empresa ganhar visibilidade e popularidade com as pessoas certas, nos canais certos e nos melhores momentos.

Gabarito: c

A alternativa c está correta, pois a estratégia do marketing está no conhecimento da clientela a ser atendida, isso fará com que o produto seja buscado de maneira comum.

1.6 Cibercultura

De início, tente se lembrar de uma atividade que mudou sua vida por influência da internet. Agora que você já recordou essa mudança de rotina, perceba que você adquiriu uma nova cultura em sua vida, a famosa cibercultura.

Vamos seguir destacando as características, localização e influências que essa cultura tecnológica proporciona para a humanidade. Assim, listaremos os melhores proveitos desse termo, que vem causando mudanças no momento atual.

Para esclarecer, destacamos o ciberespaço, que acarretou a surgimento da cibercultura. Lévy (1999, p. 92) define *ciberespaço* como:

> o espaço de comunicação aberto pela interconexão mundial dos computadores e das memórias dos computadores. Essa definição inclui o conjunto dos sistemas de comunicação eletrônicos (aí incluídos os conjuntos de redes hertzianas e telefônicas clássicas), na medida em que transmitem informações. Consiste de uma realidade multidirecional, artificial ou virtual incorporada a uma rede global, sustentada por computadores que funcionam como meios de geração de acesso.

Ciberespaço é um meio de comunicação que surge da intercomunicação entre as máquinas digitais, ou seja, a internet. Essa tecnologia mudou o modo como os indivíduos se comunicam com o mundo e essas formas de viver deram abertura para a cibercultura.

Analisando o termo, *cyber* trata-se de alguma coisa ou um local que une pessoas ao mundo virtual. E *cultura* diz respeito a diversos aspectos que norteiam a vida dos indivíduos, ou seja, cada pessoa adquire sua própria cultura em relação ao ambiente que vive, como línguas, linguagens, costumes, tradições, ensinos, leis, tudo isso são referências que definem a cultura de cada sujeito.

Martino (2015, citado por Fadanelli; Porto, 2020, p. 34) relata que "o que separa a 'cultura' da 'cibercultura' é a estrutura técnico-operacional desta última: a cibercultura, a princípio, refere-se ao conjunto de práticas levadas a cabo por pessoas conectadas a uma rede de computadores".

Logo, cibercultura nada mais é do que a concentração de relações sócio-humanas no mundo virtual.

1.6.1
A influência no surgimento da cibercultura através da internet

A internet surgiu em 1969 nos Estados Unidos e, com suas avançadas modificações tecnológicas nos anos 1970, a cibercultura chegou dando espaço à informação e comunicação de maneira ampla e simples.

Segundo Lemos (2004, citado por Fadanelli; Porto, 2020, p. 36):

> *A cibercultura é a junção tecnocultural do século XX, que vem associado a presença da microinformática e das redes telemáticas mundiais, e esta vem modificando os hábitos sociais, produzindo novos ritmos de produção e distribuição de informação, e estas estabelecem novas relações de trabalho e formas de lazer bem como praticas culturais diferentes das que eram utilizadas em outros tempos. Este novo tempo de inclusão digital vem oportunizando uma mudança nas transformações sociais, pois a comunicação e informação são dissipadas de maneira rápida fruto da informação que trafega de maneira instantânea em nossos dias.*

Num mundo distante de tudo, repentinamente o alcance das coisas e das pessoas estava sendo facilitado. Assim, a internet se tornou um espaço onde existe compartilhamento de informações, chamado de inteligência coletiva, provocando a ampliação do conhecimento humano.

Como declaramos, cultura são ações e hábitos de um indivíduo; logo, a cibercultura surgiu por causa dessas mudanças e novos modos de viver que a internet proporcionou à humanidade.

A cibercultura permite a substituição de ações no cenário físico para a realização de atividades na perspectiva digital; alguns exemplos são as novas formas de pagar boletos, fazer transferências bancárias via aplicativos, comprar pela internet, vender *on-line*, monitorar aparelhos de telefonia, fazer reuniões profissionais e acadêmicas entre muitas outras funções que essa determinada cultura oferece e vai continuar oferecendo no futuro.

Ainda, Martino (2015, citado por Fadanelli; Porto, 2020, p. 34-35), salienta que

> *A cibercultura ultrapassa as culturas humanas por estar conectada devido a sua diversidade e complexidade, sendo amplas as produções humanas encontradas na rede de computadores, considerada desorganizada sem totalidade.*

Seu principal destaque é sua influência. Como ficar de braços cruzados diante de tamanha capacidade? Quem quer esperar hoje em dia sabendo que rapidinho pode resolver certos problemas?

A cibercultura oferece novas formas de comunicação, o que atrai a atenção da nova geração, representada pela juventude, que trilhará mais uma parte desse caminho sem fim de avanços.

1.6.2
As mudanças na cultura comunicativa

Na Grécia Antiga, aconteceu uma revolução da comunicação, a passagem da comunicação oral para a comunicação escrita. Sócrates não escrevia, pois para ele a escrita matava a filosofia, impedindo que o pensamento se desenvolvesse;

ele acreditava que somente na fala era capaz de dinamizar os pensamentos e as reflexões. Essa resistência de Sócrates não difere muita daquela que demonstraram muitas pessoas na transição da escrita para a multimídia?

Muitos acreditam que a comunicação digital reduz os atos de afeto, como abraços, apertos de mão, até mesmo um "eu te amo". Não é incomum encontrar um amigo virtual na rua e perceber que a amizade era apenas virtual.

Por isso que devemos equilibrar essa honra que concedemos à internet, pois nada é perfeito, certamente para alguém que já nasceu dentro dessa nova era nem vai saber contestar, pois desconhece as possibilidades que o mundo antes da internet oferecia, mas para quem vivenciou esses momentos sabe valorizar bem a época de conversas entre amigos sem dividir com aparelhos digitais as brincadeiras e os jogos presenciais.

1.6.3
Algumas resistências em relação à cibercultura

É notório que alguns pontos precisam ser levados em consideração para não reverenciar por completo a internet e suas mudanças. Temos de reconhecer, em primeiro lugar, que pode afetar no desenvolvimento crítico e na educação escolar das pessoas, pois a comunicação virtual de redes sociais e meios digitais é diferente.

Em artigos acadêmicos, redações do Enem, redação oficial, entre outros documentos, a escrita ou a digitação é feita de maneira técnica com colocações específicas e precisas, já o ambiente virtual social é mais objetivo e simplificado.

Para expressar emoção, tem-se os emojis, para as pesquisas, há os *sites* de busca. Com isso, os indivíduos passam a ter alterados sua estrutura do pensamento e seus hábitos de leitura (e de vida). Isso é ainda mais perceptível entre os adolescentes e jovens, que estão habituados a essa nova cultura.

Nesse contexto, os emojis da Figura 1.2 demonstram diversas emoções positivas ou negativas, conforme podemos observar na imagem a seguir.

Figura 1.2 – Emojis

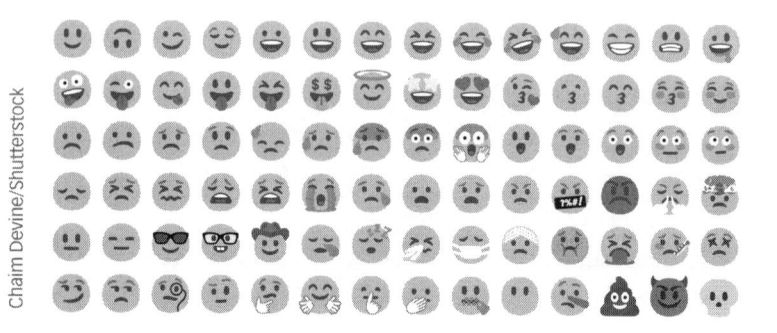

Chaim Devine/Shutterstock

As manipulações acontecem nesse meio e por isso devemos olhar com cuidado certas informações, que por vezes são falsas. Existem, por exemplo, os *hackers* e robôs *box* que muitas vezes desejam roubar informações pessoais e sigilosas em busca de dinheiro.

Outro problema refere-se aos limites da liberdade de expressão, especialmente quando esse direito é evocado para a disseminação de discursos marcados por machismo, preconceito, ataques abusivos contra a mídia entre outros abusos, fazendo pessoas sofrerem e adquirirem doenças psicológicas. O mundo virtual, se usado de maneira imoderada, gera isolamento e acarreta dependência tecnológica.

O que muitas pessoas não sabem é que já estão sujeitas às imposições da internet ao necessitar de trabalhos virtuais como comerciar, divulgar e vender, consultar e realizar estudos acadêmicos ou de pesquisas científicas, marcar horário no salão de beleza ou até mesmo uma consulta médica, manter contato com algum familiar que mora longe, efetuar aquela compra tão desejada, que está disponível em promoção, enfim, há uma infinidade de facilidades que o novo mundo estabelece para abrandar a vida do homem e, ao mesmo tempo, pode gerar agitação e ansiedade.

Como isso é possível? Diante de apenas um aparelho é possível realizar inúmeras tarefas, permitindo que os afazeres se juntem num único ambiente. Por isso, as pessoas estão o tempo todo conectadas, sempre em função de algo. Logo, maior parte das coisas hoje são resolvidas virtualmente ou, então, cinquenta por cento de algo se completa com o real físico para determinar o resto.

Por outro viés, é inegável que as contribuições são diversas e que essa cultura oferece facilidades. Pierre Lévy (1999) sugere propriamente visualizar nela o reforço positivo, nos planos econômico, político, cultural e humano, assim como salienta que a cibercultura consubstancia-se como elemento inerente à terceira etapa da evolução humana.

Dessa forma, o recomendável é se adaptar a esse caminho amplo e se moldar à rapidez com que a internet se renova, sempre com uma novidade para se fazer nova era a cada dia, uma nova ferramenta para consumir, um novo jeito de se comunicar, novas nomenclaturas para definir suas habilidades, criação de mecanismos para proteger os dados de seus usuários etc.

Conforme Lévy (1999, citado por Fadanelli; Porto, 2020, p. 36),

> *a internet é um lugar onde se apresentam ideias, desejos e saberes, e por trás dos hipertextos eles expressam, não ficam escondidos, ou seja, estão visíveis e abertos a todos em tempo real e podem ser acessados a qualquer momento e de várias formas.*

Sendo assim, é proposto o uso moderado e esperar essa cultura naturalmente fluir até ser aceita e empregada como costume no cotidiano, já que a tendência é sempre evoluir e mudar.

Exercício resolvido

A capacidade de utilizar as tecnologias da informação é fundamental em muitos trabalhos e serviços, pois em diversos casos estarão acessíveis apenas pelo meio digital. Por isso, é necessário formar cidadãos capazes de utilizar o meio digital em suas vidas. Dessa forma, sobre as tecnologias de informação, é correto afirmar que:

a) somos sabedores de que vivemos em um período em que as informações são produzidas, distribuídas e consumidas de maneira instantânea e do mesmo modo também são abandonadas de maneira compulsória.

b) As informações fornecidas pelos meios de comunicação são verdadeiras e só trazem benefícios aos usuários.

c) A tecnologia é de grande importância para a humanidade e, com isso, seria impossível viver sem informações.

d) Deve-se fazer uso da tecnologia digital sem a preocupação de que essa vai contibuir para benefícios ou malefícios.

Gabarito: *a*

A alternativa está correta, pois a distinta posição dos indivíduos no que diz respeito à informação define seu potencial produtivo, social e cultural e até mesmo determina a exclusão social daqueles que não são capazes de entendê-la e processá-la.

De fato não podemos viver sem informações, pois o dia a dia se faz por meio delas, porém, o que nos rege é a intenção com que as utilizamos.

Síntese

- » Viana (2016) considera que a geração *millennials* se desenvolveu numa época de grandes avanços tecnológicos e prosperidade econômica. Os *millennials* presenciaram uma das maiores revoluções na história da humanidade: a internet.
- » Para Andrea Teixeira (2017), desenvolver estímulos de marketing melhora a interação com o consumidor, ou seja, o autor preserva o modelo *omnichannel*, isto é, o impacto que o ambiente multicanal causa na gestão da empresa em busca de melhor atender os clientes.
- » Singer (2012) destaca as facilidades que as máquinas digitais provocam no dia a dia e até mesmo as proteções que são concedidas no cotidiano.
- » Em 2020 foi encaminhada do Senado para a Câmara Federal o projeto de lei que propunha a Lei Brasileira de Liberdade, Responsabilidade e Transparência na Internet.
- » Kotler (2010) relata que a computação em rede permitiu maior interação entre os seres humanos e facilitou a difusão do compartilhamento de informações pelo boca a boca. Tornou as informações onipresentes, e não mais escassas.
- » Vaz (2010) esclarece que a internet deixou de ser uma mídia para ser um ambiente, ou uma brecha virtual no espaço. Tem se constituído como um meio para se exercer a cidadania, nossa própria condição humana na era da informação e do conhecimento.

> Lévy (1999) define ciberespaço como ambiente de comunicação aberto pela interconexão mundial dos computadores e das memórias dos computadores. Trata-se do conjunto dos sistemas de comunicação eletrônicos, que conectam os indivíduos.

capítulo 2

Serviços digitais no mercado: atributos e consequências

Conteúdos do capítulo

» Consumidor informado e o processo de compra.
» Consumo ético e sustentável: marketing verde.
» Novas formas de consumo: Spotify, Netflix, Kindle, *podcast*.
» Dependência *versus* independência digital (*smartphones*, autosserviço).
» Comportamentos nocivos: *cyberbullying*, *hater*, violência na *web*.

Após o estudo deste capítulo, você será capaz de:

1. identificar os tipos de consumidor;
2. detectar as estratégias que o marketing utiliza para se aproximar do consumidor;
3. descrever a ampla rede de informação que a internet oferece;
4. observar os cuidados com os produtos prejudiciais à saúde e as vantagens que o marketing verde oferece às empresas e aos consumidores
5. analisar a dependência da internet que acomete parte dos usuários;
6. analisar as reações violentas e abusivas de alguns usuários geram e se proteger das agressões virtuais.

Serviços digitais são ferramentas que conferem inovação para a internet. Estes permitem flexibilizar o uso de aplicativos e redes sociais, garantindo, assim, amplo acesso, segurança e gerenciamento de arquivos.

Por conseguinte, também os processos de compra se modificaram e o mercado assumiu novas ideias, visões, estratégias e relacionamentos. Diante disso, neste capítulo buscaremos explicar por que o mercado econômico adotou mecanismos para ter um melhor relacionamento com o consumidor. Será que as empresas perderam sua credibilidade e estão em fase de apelo? Estudar seus clientes é a melhor forma de investimento, pois é no bom relacionamento com o público que o marketing alcança êxito.

Aplicar o marketing verde ou sustentável é um modo de construir uma boa imagem para as empresas, sendo que nem sempre elas estão dispostas a acreditar nesse desempenho e apoiar o meio ambiente. Muitas deles, quando aderem a essa estratégia, têm apenas a intenção de estimular as vendas sem preocupação ambiental verdadeira.

A variedade de serviços digitais fez muitas pessoas abandonarem outros meios de informação. Isso tem fomentado certa dependência, chegando a ser um vício.

O mundo real e o mundo virtual, ambos formados por pessoas que sofrem com crises emocionais e apresentam distúrbios, intolerância, ansiedades acarretando práticas de violência como, *cyberbullying* e *haters*.

Assim, apresentaremos de maneira objetiva as formas de evitar que esses atos nos atinja e como lidar com os agressores virtuais.

2.1
Consumidor informado e o processo de compra

Todo consumidor apresenta características específicas, e é de acordo com cada peculiaridade que acontece o planejamento para a jornada de venda e alcance do público-alvo.

Sendo assim, listamos a seguir alguns tipos de consumidores:

- » **Iniciador:** É quem dá a ideia da compra. Por exemplo, no comércio de brinquedos, as crianças são o público de consumidores, elas são as iniciadoras, pois geralmente são elas que costumam pedir que os responsáveis comprem os produtos.
- » **Influenciador:** É aquele que apresenta a necessidade de adquirir o produto. Podem ser exemplos as auxiliares de serviços gerais, que lançam a ideia de compra e relatam a necessidade do produto.
- » **Decisor:** Aquele que decide onde comprar, qual o melhor para levar. A mãe chefe de família pode receber o pedido do filho (iniciador), mas é ela quem vai decidir (decisor).
- » **Comprador:** Aquele que libera o pagamento de forma direta para a saída do produto. É o que resolve quem será contemplado com a venda, de acordo com o melhor preço e suas exigências, detendo autonomia para fechar o negócio.
- » **Usuário:** Corresponde à pessoa que usa o produto ou serviços adquiridos. Assim como as crianças que recebem os brinquedos, as auxiliares de serviços gerais, que utilizam os produtos para realizar seus trabalhos ou todos aqueles que usufruem de suas compras.
- » *Gatekeeper*: Trata-se do agente que atende de início o cliente, filtrando as informações, tirando as dúvidas e os direcionando para o gerente

2.1.1
Identificando os consumidores dos dias atuais

Os consumidores estão cada vez mais informados, porém mais exigentes. O acesso mais amplo à diversidade de opções e promoções que o mercado oferece causa essa agitação no relacionamento entre as empresas e os consumidores.

Na busca por melhor qualidade, garantia, preço, os consumidores também são atraídos pelas campanhas de publicidade.

Outro ponto importante é a preocupação com o bem-estar e a saúde. A maior parte da população tem mostrado interesse em manter hábitos saudáveis para seguir com uma boa saúde e forma física. A nova geração é influenciada pelas tendências de moda e visa *status*. Então, os novos consumidores desejam chamar a atenção o tempo todo, querem os melhores *looks* para fazer parte daquela foto e fazem questão de divulgar a empresa que disponibiliza os itens, a fim de alcançar mais seguidores e talvez ganhar pontos no comércio.

Quanto mais atos sociais, mais pontos essa figura tende a ganhar nesse mundo virtual. Nesse contexto, consumir algum produto que defende os direitos do meio ambiente, comprar de empresas que oferecem apoio a crianças carentes, pessoas doentes, idosos, viciados parece ser uma boa estratégia. Tudo vale nesse novo espaço, competitivo e dinâmico, o mundo tecnológico.

Os novos consumidores estão atentos às empresas e ao que elas oferecem, buscando informações detalhadas sobre os produtos ofertados. No mercado, abre vantagem quem oferece boas condições de vendas, melhor atendimento e respeito.

2.1.2
Processo de compra

Primeiramente, é preciso conhecer o tipo de consumidor que se pretende atender e qual clientela o negócio está associado para que, com base nessas informações, seja possível dar as primeiras cartadas para a conquista, pois o importante no processo de compra é o cliente, pois sem ele não há consumo.

Conforme Pimenta (2020), as etapas do processo de compra tendo como figura central o cliente são as que seguem:

1. Fazer propostas de valor para diferenciadas necessidades, apresentando preços e itens variados.
2. Compreender como os consumidores fazem escolhas e quais escolhas eles estão aptos a fazer.
3. Disponibilizar o funil de vendas da empresa. Para explicar de maneira simples e objetiva, a equipe de marketing organiza um funil, no qual são distribuídos os planos de ação de acordo com o tipo de consumidor e segundo as fases de execução. Com essa estratégia, a equipe segue captando o crescimento dos acordos com os representantes de compra, até finalizar o processo. Tal situação está apresentada na Figura 2.1, que retrata um funil com cada etapa para a garantia de conquista do cliente, tais como: explorar, chamar, atrair e divulgar. As etapas são compostas de técnicas específicas voltadas para o público-alvo.

Figura 2.1 – Funil de vendas

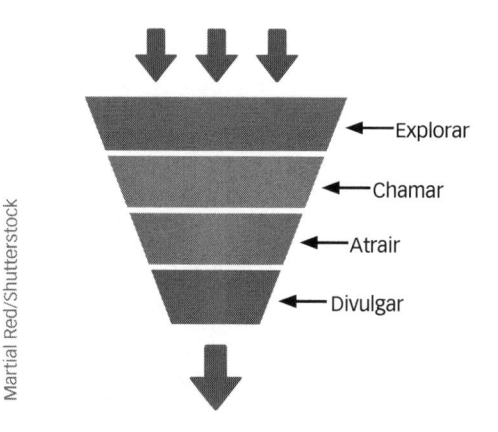

- Explorar
- Chamar
- Atrair
- Divulgar

Martial Red/Shutterstock

4. Usar ferramentas digitais, como *lead, lead scoring, softwares* de CRM (do inglês Client Relationship Management, ou Gestão de Relacionamento com o Cliente) prezando pela boa relação com o consumidor.

5. Qualificação de *leads*, que consiste em uma estratégia que as empresas usam para detectar seus possíveis clientes, no meio virtual, através de assinaturas em *e-mails*, contatos de telefone, nome. Partindo dessa perspectiva, pode surgir um relacionamento com os consumidores e encaixar no funil de vendas até a compra ser efetuada.

2.1.3
Mudanças no processo de compra

Entre 1970 e 1990 se desenvolveu uma mudança profunda em diferentes esferas, graças á inserção da tecnologia e da inovação na vida prática das empresas, dos governos e das pessoas. No âmbito comercial, tem-se aproveitado todas as ferramentas para ganhar espaço na economia, na verdade as inovações foram benéficas e só aumentaram desde o princípio da nova era.

Como toda mudança causa impacto, essa não foi diferente, sair da zona de conforto é sempre um desafio. Uma geração influenciada pela comunicação, informação, avanço científico, meios digitais, jamais voltará a ser como era antes.

Anteriormente, a pessoa que quisesse adquirir algo, tinha de se deslocar de sua casa direto para o ponto comercial, no qual nem sempre estava disponível o produto desejado; mesmo assim, a pessoa adquiria o que ali estava à disposição por falta de opção e dificuldades em se deslocar para outras lojas em que talvez houvesse mais opções de mercadorias.

Para saber mais

Por falta de troco, muitos comércios ofertam balas e outros doces como reembolso. Não há nada de errado em aceitar, mas, conforme o Código de Defesa do Consumidor, instituído pela Lei n. 8.078, de 11 de setembro de 1990, essa prática é ilegal e abusiva. Quem deve arcar com a falta de troco é a própria loja.

BRASIL. Lei n. 8.078, de 11 de setembro de 1990. **Diário Oficial da União**, Poder Legislativo, Brasília, DF, 12 set. 1990. Disponível em: <http://www.planalto.gov.br/ccivil_03/leis/l8078compilado.htm>. Acesso em: 21 maio 2021.

Atualmente, a tendência é as empresas trabalharem em função do cliente, visualizando as formas de melhorar o relacionamento com o público.

Hoje, os produtos, as informações, as opções de pagamento estão ao alcance das mãos; é claro que as lojas físicas não acabaram, mas o mundo digital tem se ampliado, e mesmo quem compra na loja física, tende a pesquisar na internet. Com isso, as empresas em geral estão optando por abrir seu ponto comercial virtual.

Tais empresas estão investindo na qualificação de seus profissionais em marketing, sempre buscando suporte em estudos acadêmico-científicos.

A mudança é evidente: antes, o consumidor corria atrás dos produtos e das empresas e muitas vezes não tinha suas expectativas atendidas. Com o advento das novas mídias e o apoio dos estudos de relações humanas, o mercado teve de se adequar para atrair os compradores e ter sucesso nos negócios.

Assim, sobre o neuromarketing, Lindstrom (2016, p. 10) diz:

> *Logo percebi que o neuromarketing, um intrigante casamento do marketing com a ciência, era a janela para a mente humana que esperávamos havia tanto tempo. O neuromarketing é a chave para abrir o que chamo de nossa "lógica de consumo" – os pensamentos, sentimentos e desejos subconscientes que impulsionam as decisões de compra que tomamos em todos os dias de nossas vidas.*

Nessa influência, as pessoas são impelidas a comprar aquilo que seus olhos e instintos veem. A publicidade espontânea praticada por um colega ou a estrategicamente pensada na cena em que a atriz protagonista da novela usa certo produto é um meio pelo qual o neoromarketing estimula o consumo.

2.2
Consumo ético e sustentável: marketing verde

Consumo ético ou consumo verde consiste em práticas de consumir pensando na preservação do meio ambiente e na sustentabilidade. As pessoas se preocupam em se alimentar bem e ter vida longa, comprar alimentos com embalagens reaproveitáveis, roupas e calçados produzidos com critérios ecológicos.

Alguns comerciantes e empresas entraram na onda, seja por preocupação ecológica ou por apenas levar vantagem econômica. Mais adiante, veremos os fatores que essas empresas levam em consideração para adotar o marketing verde.

Esse consumo é assim chamado porque oferece melhor preço pelo uso de produtos reutilizáveis, qualidade superior e cuidado com o meio ambiente. No entanto, isso é válido também para as etapas de produção, distribuição e despojo.

A esse respeito, Dias (2009, p. 142) considera que

> *O Marketing Verde não pode ser considerado somente um conjunto de técnicas voltadas para projetar e comercializar produtos que não prejudiquem o meio ambiente; é também uma forma de articular as relações entre o consumidor, a empresa e o meio ambiente. Assim, ao se adotar uma filosofia de Marketing Verde, deve-se ter em mente essa concepção macro do processo, onde a compreensão da importância da preservação do meio ambiente esteja impregnada em toda a organização, incluindo o comportamento cotidiano das pessoas que a integram.*

As ações do consumo sustentável e o marketing verde passaram a existir quando as empresas notaram que a informação chegou até os consumidores e eles perceberam a gravidade dos desmatamentos, poluição, queimadas, levando ao aquecimento global e, que isso, de fato, é prejudicial para a vida humana e o planeta.

Consultando a legislação

A Lei n. 12.305, de 2 de agosto de 2010, que institui a Política Nacional de Resíduos Sólidos (PNRS), é uma legislação inovadora que se volta aos cuidados com o meio ambiente. Auxilia na prevenção e na diminuição de descartáveis e sobras, propondo hábitos de consumo inteligente, informando a prática de reutilização e reciclagem.

BRASIL. Lei n. 12.305, de 2 de agosto de 2010. **Diário Oficial da União**, Poder Legislativo, Brasília, DF, 3 ago. 2010. Disponível em: <http://www.planalto.gov.br/ccivil_03/_ato2007-2010/2010/lei/l12305.htm>. Acesso em: 19 maio 2021.

O marketing verde contribui para a destituição dos lixões e queimadas, estabelece metas importantes e executa ações nos âmbitos nacional, estadual, microrregional, intermunicipal, metropolitano e municipal.

Essas ações de sustentabilidade tomaram espaço no mercado como estratégia de marketing, integrando as ações de publicidade. O desenvolvimento de estudos, atos ecológicos e a prática de fornecer um produto que preza pela preservação do meio ambiente conscientiza e atrai para si o consumidor, peça-chave para finalizar a venda.

A comunicação em apoio ao consumo verde é uma estratégia que vincula o processo de venda de produtos. Por isso, as empresas estão usando o marketing verde, reconhecendo a existência de um público consumidor mais e mais consciente. A intenção é mostrar que a marca, além de trabalhar para vender, abraça uma causa que é responsabilidade de todos.

2.2.1
Um ponto para o marketing verde

Algumas empresas adotam a metodologia de marketing verde quando é conveniente e favorável para seus lucros; muitas nem adotariam essa ferramenta não fosse o impacto que isso causa em suas imagens.

Alguns fatores levam as empresas a implantar o marketing verde: por motivos próprios (proativos); por medo de sofrer rejeição do público (propositivos); e até mesmo por medo de ter prejuízos com multas fiscais (reativos).

O perfil reativo está atrelado ao interesse de não sofrer multas, processos ambientais, perda de moral no mercado e de clientes.

> *Não é suficiente falar a linguagem verde; as companhias devem ser verdes. Longe da questão de apenas fazer publicidade que muitos comerciantes perceberam originalmente, a abordagem satisfatória de preocupação ambiental requer um esverdeamento completo que vai fundo na cultura corporativa. Somente por intermédio da criação e implementação de políticas ambientais fortes e profundamente valorizadas é que a maioria dos produtos e serviços saudáveis podem ser desenvolvidos. É só por meio da criação de uma ética ambiental que abranja toda a empresa que estratégias de marketing podem ser executadas. (Ottman, 1994, citado por Dias, 2009, p. 142)*

O marketing verde deve ser considerado em instância real, sem maquiar hipocrisia da parte das empresas, só para levar vantagem.

O perfil proativo engloba empresas que enxergam a capacidade de render, oferecendo em seu ramo as eficácias de produtos sustentáveis, investindo sem medo de enfrentar os desafios que essa estratégia produz.

No tipo propositivo, enquadram-se empresas que buscam prestígio ao demonstrarem que a natureza só acrescenta nos cuidados com o mundo e o mercado consumidor.

Exercício resolvido

No marketing social, o gerente de marketing deve conhecer o consumidor e empreender meios para conquistá-lo, mas também focar nos impactos do consumo dos produtos e serviços para a sociedade em geral e para o meio ambiente. O que esse gerente deve levar em conta?

a) A reversão de parte da renda da empresa para setores menos privilegiados da sociedade.
b) A implantação de ações para combater o consumismo.
c) Os três vetores: lucros da empresa, satisfação do consumidor e interesse público.
d) A satisfação total do consumidor direto, oferecendo o que ele deseja.

Gabarito: *c*

A alternativa está correta, pois o gerente é sempre o responsável pelos cuidados e interesses da empresa, auxiliando a equipe para manter a boa imagem da organização. Quando se refere ao marketing verde, claro que o alvo é o consumidor, para assim gerar lucros, portanto, satisfazer o consumidor e despertar interesse público.

São inúmeros os atributos que a sustentabilidade propõe para o meio ambiente; logo, a humanidade só tem a ganhar com o marketing verde. Quando a empresa Natura lança produtos em embalagens de refil, além de estar diminuindo as embalagens que serão jogadas no lixo para prejudicar o solo, proporciona menor custo nos produtos, conscientiza a classe consumidora no combate à poluição, criando, ainda, empatia diante do público.

Vamos listar alguns benefícios que uma compra verde, ética e sustentável oferece para a classe consumidora:

- » **Menor risco para a saúde:** Quanto menos circulação de poluentes, mais ar puro para nossos pulmões e diminuição de indivíduos doentes. Doenças respiratórias são as mais agravantes.
- » **Redução de substâncias perigosas e contaminantes:** A pesquisa *Estratégias Empresariais para a Sustentabilidade no Brasil* revelou que 65% das companhias nacionais consideram a sustentabilidade uma das principais formas de inovação e estratégia para reconduzir o mercado.
- » **Redução do volume dos compostos químicos:** Diversos produtos químicos são utilizados pelas pessoas diariamente. No entanto, as empresas, para priorizar o bem-estar do consumidor, estão optando pela fabricação de produtos com extratos naturais, como itens de higiene pessoal, higiene doméstica, alimentos e medicamentos.
- » **Relação equilibrada e justa entre produtores e comerciante:** Esse companheirismo acontece a partir do momento em que os produtores esclarecem as vantagens de consumo no mercado.
- » **Valorização de conhecimento:** Ao reconhecer importância do marketing verde, a maior parte dos indivíduos irão buscar novas informações para zelar pela saúde pessoal e geral.

Exercício resolvido

O dia 15 de outubro foi instituído como o Dia do Consumo Consciente pelo Ministério do Meio Ambiente (MMA) em 2009. Consumo sustentável é o consumo de produtos reciclados aplicados para minimizar os impactos ambientais para promover qualidade de vida. Diante das afirmações, assinale a alternativa que não indica apoio ao consumo consciente.

a) Utilizar a água de forma moderada e equilibrar o consumo de energia.
b) Comprar produtos como sabonetes a base de extratos de aloe vera.
c) Utilizar calçados ecológicos, feitos com borracha PVC, que preserva o meio ambiente.
d) Consumir bens respeitadores do ambiente e rejeitar bens nocivos.

Gabarito: c

A alternativa está correta, pois o PVC é um material altamente tóxico, provoca doenças como câncer no fígado, cirrose, linfomas, além de liberar dioxinas (composto químico), que permanecem no meio ambiente. Então, o PVC não tem nada de proveito para o meio ambiente, muito menos formas de um consumo consciente.

2.2.2
Atenção a esses produtos

Existem produtos que representam sérios riscos de saúde como síndrome do déficit de atenção, alterações no sistema hormonal, problemas respiratórios entre outros.

Alguns produtos disponíveis em embalagens plásticas apresentam compostos altamente tóxicos, substâncias essas que causam graves doenças.

Na indústria de alimentos, enlatados, refrigerantes, doces e iogurtes têm sofrido uma queda em seu consumo, pois a população tem sido alertada sobre os malefícios do consumo excessivo de tais produtos.

Os consumidores têm optado por itens mais saudáveis, especialmente no cuidado da alimentação infantil.

Exemplo prático

De uma coisa pode-se ter certeza, as pessoas por estarem mais informadas buscam o que é melhor e com as dadas indicações, muitas empresas sofreram fortes consequências, diminuindo a produção de mercadorias pela falta de interesse do povo. Foi o que se observou com relação aos refrigerantes. Conforme Sonnar (2017), pesquisadores da Tufts University descobriram que mulheres que bebem apenas três colas por semana tinham uma perda óssea média de 4% em pontos como os quadris. Os refrigerantes de cola contêm ácido fosfórico aromatizante. Segundo a autora principal do estudo, Kathleen Tucker, a substância causa maior acidez no sangue, o corpo então usa o cálcio dos ossos, causando osteoporose e outras doenças ósseas para neutralizar o ácido no organismo. Portanto, a ingestão dessa bebida produz osteoporose, aumento do peso e alto risco de diabetes.

Sendo assim, quais vitaminas e nutrientes contêm nesse líquido? Sem medo de errar, a resposta é: nenhuma.

Aqui, vale ressaltar que ainda existem pessoas que consomem tais alimentos sem nenhum receio, às vezes por falta de conhecimento ou por não se importarem com os riscos a que estão expostas.

Portanto, é importante lembrar que a rede de informação chamada *internet* contribuiu com a função do Estado de prezar pela boa saúde da população. Afinal, se a informação não estivesse amplamente acessível, poucos saberiam os danos que sofreriam, e outras faces da mídia manipulariam com tranquilidade o público.

Consultando a legislação

Seguindo o art. 196 da Constituição: "A saúde é direito de todos e dever do Estado, garantido mediante políticas sociais e econômicas que visem à redução do risco de doença e de outros agravos e ao acesso universal e igualitário às ações e serviços para sua promoção, proteção e recuperação" (Brasil, 1988).

BRASIL. Constituição (1988). **Diário Oficial da União**, Brasília, DF, 5 out. 1988. Disponível em: <http://www.planalto.gov.br/ccivil_03/constituicao/constituicao.htm>. Acesso em: 21 maio 2021.

Produtos de higiene doméstica e pessoal também são classificados como prejudiciais, porém seus danos tendem a ser mais tardios. São eles xampu, condicionador, aerossol para cabelo, perfume, esmalte de unhas, vasilhas de plástico para comida, cápsulas de medicamentos e produtos sexuais. Como foi dito, os danos na saúde não são causados de imediato, mas quando usados por longo prazo, podem afetar o organismo por penetrar no corpo, via células, sistema respiratório ou digestivo.

Muitas empresas já dispõem de meios para produzir produtos mais naturais e que apresentam menos danos, porém é preciso investigar bem para não cair na rede de manipulação que essas instituições montam de maneira publicitária. O mercado que mais cresce é o de produtos naturais extraídos de plantas e solo rico em nutrientes. Medicações, alimentos, cosméticos estão sendo substituídos por artefatos de efeito natural.

2.3 Novas formas de consumo: Spotify, Netflix, Kindle, *podcast*

Com as novidades de mídia, muitos ramos comerciais entraram em extinção, foram obrigados a fechar seus negócios ou buscaram se reinventar, só assim o comércio seguiria para permanecer no mercado e ter sucesso.

Você também é uma das pessoas que deixou de ver sua caixa de mensagem de texto disponível no celular (SMS) porque só recebe mensagem da sua operadora telefônica? De fato, as mensagens de texto do aparelho celular foram perdendo força com a chegada do Gmail e do WhatsApp, por exemplo.

Como já citamos, não é fácil transitar de uma geração faltosa de meios digitais para uma completamente mudada e que se modifica cada vez mais. Então vamos a esse tópico que ressalta os serviços digitais que tomaram o lugar das bibliotecas, como também das televisões, dos rádios, dos mapas, dos bancos e por que não dos *shoppings*?! Mas vamos com calma, até porque as lojas e empresas físicas devem existir para o trabalho de fabricação acontecer.

As pessoas não precisam pagar certo valor por algo que está nas diversas plataformas digitais, pois existem serviços que fornecem essas funções e as buscas por tais produtos cessaram, pois hoje se encontra em aplicativos ou *sites* disponíveis na *web*.

E que serviços são esses, que deixaram de ser usados? O consumo não acabou completamente, mas as inovações caminham para tal cenário.

» Os livros são encontrados virtualmente, com a função de venda *on-line*, onde a melhor forma é deixá-lo no aparelho digital mesmo, assim a ideia de ter um livro em mãos 24 horas é bem interessante.

» E os CDs? Assim como os demais meios, esses se foram com mais rapidez e só servem para coleção de lembranças ou uso de materiais.

» O rádio já está se reinventando e teve que abrir seus espaços nas plataformas *on-line*, mas existem aplicativos que desfrutam de infinitas músicas e ferramentas que atraem melhor o cliente do que as rádios tradicionais.

Para quem se perdeu na transição da nova era, o recado que fica é: não se preocupe, pois as pessoas ainda têm como trabalhar. As atividades ficaram menos complicadas e mais criativas, porém mais exigências surgiram, tanto da parte dos empregadores quanto da parte dos consumidores.

Essa transformação social se assemelha à proporcionada pela Revolução Industrial; o indivíduo não perdeu sua competência como muitos indicavam, pois a máquina precisa dele para funcionar. De modo semelhante, com a inovação da tecnologia, temos a impressão de que as máquinas virtuais irão ocupar o lugar do homem. Como não pensar assim? Se os aparelhos digitais nos enviam informações, salva nossas fotos e mídias, gerencia nossos *e-mails*, denuncia quem nos segue, realiza pagamentos e transferências bancárias, ainda é necessário o nosso comando para que as máquinas virtuais realizem certas ações.

Nada é feito com inteligência extrema a ponto de conhecer nossas necessidades. Portanto, a internet e seus mecanismos facilitam nossas vidas, mas não soluciona nossos problemas por completo. Os produtos físicos estão sendo substituídos por serviços digitais.

Um dos aparelhos que mais influencia na vida das pessoas é o celular, e é a partir dele que as buscas pelos serviços virtuais iniciam.

Será que é por isso que o dia parece ficar mais intenso? Porém jogar a culpa no dispositivo nos faz ignorar suas inúmeras ferramentas e as diversas atividades que conseguimos realizar em qualquer lugar, em qualquer hora.

Para saber mais

O Decreto n. 10.332, de 28 de abril de 2020, institui a Estratégia de Governo Digital para o período de 2020 a 2022 no âmbito dos órgãos e das entidades da administração pública federal direta, autárquica e fundacional e dá outras providências. Nele, fica declarada a intenção que o governo tem de oferecer acesso à tecnologia para todo o país.

BRASIL. Decreto n. 10.332, de 28 de abril de 2020. **Diário Oficial da União**, Poder Executivo, Brasília, DF, 29 abr. 2020. Disponível em: <https://www.in.gov.br/web/dou/-/decreto-n-10.332-de-28-de-abril-de-2020-254430358>. Acesso em: 15 jul. 2021.

Acesse também a página da Presidência da República, onde se encontram as competências e direitos que o meio digital pode oferecer aos cidadãos, tudo que está relacionado aos poderes supremos, que a população tem o direito de conhecer.

BRASIL. Presidência da República. Planalto. Disponível em: <https://www.gov.br/planalto/pt-br>. Acesso em: 15 jul. 2021.

2.3.1
Serviços digitais

A seguir listamos alguns serviços digitais. Antes de iniciar, convém esclarecer o que significa *streaming*: um fluxo de dados, que libera conteúdos de mídia de forma rápida em tempo real, se preferir, e acessa vídeos e outras mídias.

Spotify

Serviço de *streaming* de conteúdos de músicas e vídeos. Nele, o usuário pode gerenciar suas músicas preferidas, conhecer todos os lançamentos, saber o que as celebridades que ele segue estão ouvindo, além de criar suas estações de rádio. Contudo, sua versão não é totalmente gratuita; após 30 dias grátis, o usuário pode optar por outras versões pagas.

Para saber mais

Acesse a página do Spotify e conheça os termos e condições de uso.

SPOTIFY. **Termos e condições de uso do Spotify**. Disponível em: <https://www.spotify.com/br/legal/end-user-agreement/>. Acesso em: 21 maio 2021.

Netflix

Uma das maiores redes de acesso a filmes e séries, a Netflix iniciou sua jornada alugando DVDs e nesse compasso foi crescendo até se tornar a gigante *streaming* mundial de filmes. Conforme afirmam Castellano e Meimaridis (2016, p. 205),

> *Devido ao seu modelo econômico, suas narrativas não são estruturadas em torno dos comerciais e, assim, se aproximam, novamente, das produções dos canais premium. Por outro lado, ao disponibilizar suas séries de uma só vez, o serviço modifica a construção de suas narrativas dentro das temporadas, o que pode ser verificado, por exemplo, na afirmação da empresa de que é a primeira temporada como um todo, e não mais o primeiro episódio, que cumpriria a função de piloto. Assim, a Netflix rompe com algumas lógicas da televisão tradicional, ao mesmo tempo em que reforça outras.*

A Netflix oferece para seus usuários qualidade nos conteúdos e atende a todos os públicos, sendo o usuário quem decide o horário conveniente para assistir.

Assim, Castellano e Meimaridis (2016, p. 206) perceberam que a Netflix, apesar de buscar um distanciamento com relação às obras da televisão tradicional, acaba por reverenciar determinadas narrativas ao adicioná-las ao seu acervo, como no caso da série cult do fim dos anos noventa "Freaks and Geeks" (NBC, 1999-2000) incluída em 2016. A série, que teve apenas uma temporada devido à baixa audiência, causou grande comoção ao ser inserida no catálogo internacional do serviço. Ademais, encontramos essa mesma deferência na iniciativa da Netflix em reviver séries canceladas como Arrested Development (FOX, 2003-2006/ Netflix 2013-Presente) e Gilmore Girls (The WB, 2000-2007) [...].

Sendo assim, ela se mostra inteligente ao ser flexível com o público que a utiliza de forma inovadora.

Exercício resolvido

A Netflix, quando de sua criação, era uma locadora de filmes com entregas em domicílio. Com as modificações tecnológicas, a Netflix passou a ser o maior serviço de *streaming* do mundo, que disponibiliza preço acessível e infinidade de filmes e séries. Pesquise dados da empresa e assinale a alternativa correta:

a) Nos Estados Unidos, a Netflix já está quase ultrapassando canais como: Fox, ABC e SBT na audiência.

b) A Netflix foi oferecida para a Blackbuster por 50 milhões de dólares, fechando negócio no ano de 2000.

c) O faturamento anual da Netflix é estimado em 6 bilhões de dólares, sendo que um dos principais mercados de atuação é a América Latina.

d) Casais com filhos são os maiores assinantes da Netflix, e 50% dos usuários assistem a seriados.

Gabarito: c

A alternativa está correta, pois a Netflix predomina em países como Argentina, Bolívia, Brasil, Chile e Colômbia.

Kindle

Kindle é um aparelho digital que ocupa na vida de muitas pessoas o espaço de livros e revistas. Entre seus principais atributos está fornecer em sua biblioteca livros de todos os estilos com valores mais acessíveis que os livros impressos.

Cantarin e Venci (2018, p. 112) citam que

> *Lançado pela primeira vez nos Estados Unidos em novembro de 2007, o Kindle é um leitor de livros digitais desenvolvido pela empresa americana Amazon. O dispositivo permite a busca, compra, armazenamento e leitura de livros em formato digital. Nove anos após seu lançamento, encontra-se disponível, no Brasil, em quatro versões diferentes: Kindle, Kindle Paperwhite, Kindle Voyage e Kindle Oasis (nesta ordem, do mais simples ao mais completo).*

Parece até um sonho ter todos os livros em um único dispositivo. Nada de ficar com toda aquela papelada pela mesa, sem contar que a fonte e o brilho da tela podem ser ajustados de acordo com a necessidade do usuário.

Com a tecnologia, as pessoas estão abandonando o habito de leituras e esquecendo os livros na estante. É por isso que o Kindle chegou, para promover a permanência da leitura entre crianças e adultos e reduzir o uso de papel.

Cantarin e Venci (2018, p. 112-113) ainda apontam:

> *Dispositivo digital com tela sensível ao toque, o Kindle possui diversas funcionalidades que o livro impresso não possui. Não obstante, defendemos que a experiência literária no aparelho se aproxima muito mais à que fazemos no papel do que aquela experimentada no computador*

ou no tablet, por exemplo. *Quando falamos em leitura em meio digital percebemos o quanto isso está associado àquela leitura realizada na tela de dispositivos como os dois últimos mencionados e, com o intuito de desconstruir essa visão, ainda que assumindo o risco deste artigo ficar desatualizado em poucos anos, nos propomos a expor as características do Kindle que o colocam a meio caminho entre o digital e o impresso.*

Seguem algumas características do produto Kindle: modelos à prova d'água; carga de bateria durável por até duas semanas; leve e de fácil transporte; nitidez semelhante à de páginas de papel, sem agredir a visão – a chamada *tecnologia e-Ink*.

Podcast

Geralmente é usado no trânsito, por apresentar fácil acesso e menos concentração da parte de seus usuários. Sua funcionalidade é comparada a um rádio, só que o assunto ou mídia está disponível para que o usuário escute no momento que lhe for mais conveniente.

Em 2018, o *podcast* iniciou suas conquistas pelo Brasil. De acordo com uma pesquisa feita pela plataforma de *streaming* Deezer, o consumo de *podcast*s subiu 67% de 2018 para 2019.

Esse destaque forneceu confiança e sucesso entre seus usuários e interessados. Estudantes perceberam a praticidade para desenvolver seus estudos e ter amplo acesso aos temas escolares.

Esse tipo de tecnologia transmite conteúdos de modo simples, facilitando o entendimento das pessoas. As empresas que optam pelo serviço de *podcast* demonstra para seus clientes que anseia oferecer melhorias na relação com o cliente.

Sobre isso, Freire (2017, p. 56) comenta que

> A miniaturização dos dispositivos de áudio, bem como a incorporação de funções de tocador de MP3 em outros aparatos associa a execução e gravação do podcast a diversos aparelhos, além de possibilitar tais ações em inúmeras situações e momentos do dia a dia. Esses fatores concedem ao podcast um teor produtivo facilitado, o qual é ratificado pela presença de diversos programas livres para a realização de podcasts, como o Audacity, bem como pela possibilidade de uso de serviços de armazenamento automatizado gratuitos, como o brasileiro PodcastOne, que dispõe de um sistema intuitivo para a postagem de podcasts.

Seguem algumas características de uso do *podcast*:

- sem conta *premium*;
- seu tamanho não consome muitos dados da internet;
- pode ser ouvido em qualquer lugar, no aparelho digital, economizando tempo;
- não costuma ter propagandas inesperadas, que atrapalham o raciocínio;
- a maioria das empresas libera serviços de *podcast* de forma gratuita.

2.4
Dependência *versus* independência digital (*smartphones*, autosserviço)

É quase impossível não depender de algo digital atualmente, por menor e menos atrativo que seja. As pessoas vivem em função dos aparelhos digitais, colocaram suas obrigações ali. Pelos *smartphones*, se envia um recado para a família, pede-se um lanche, estuda-se, pagam-se contas; em aniversários, eles se transformam em câmeras digitais; em tempos de isolamento social, estão presentes nas atividades físicas e nas reuniões virtuais. Em outras palavras, os celulares atravessam o cotidiano das pessoas nas mais diferentes tarefas e atividades. Muitas pessoas têm no aparelho a extensão de seus corpos.

Para King, Nardi e Cardoso (2014, p. 17),

> *Indivíduos que geralmente apresentam um transtorno de ansiedade primário, que pode ser, por exemplo, transtorno do pânico, transtorno de fobia social, transtorno obsessivo-compulsivo, transtorno de estresse pós-traumático, alguma fobia específica, entre outros. Em geral, os indivíduos nomofóbicos apresentam um perfil ansioso, dependente e com baixa autoestima. Algumas características observadas são perfeccionismo, inflexibilidade e exigência consigo mesmo.*

Com tantas funções, as pessoas estão mais ansiosas, por quererem saber o que pode acontecer a algumas horas; a intolerância entre os seres humanos aumentou, pois ninguém consegue entender o que se passa na cabeça do outro; criticar ficou mais fácil e se colocar no lugar do outro mais fácil ainda, difícil é ser o outro.

As pessoas esquecem que todos somos seres humanos e não processadores de informações. Nesse cenário, também surgiram novas doenças como ansiedade, síndrome do pânico, fobias. Essas doenças são causadas por excesso de uso da internet, mas como saber se alguém está se prejudicando?

Young (2011, p. 38) apresenta um questionário à pessoa que sente que pode estar se tornando dependente da internet.

> *1) ... – Você se preocupa com a internet (pensa sobre atividades virtuais anteriores ou fica antecipando quando ocorrerá a próxima conexão?)*
>
> *2) ... – Você sente necessidade de usar a internet por períodos de tempo cada vez maior* [sic] *para se sentir satisfeito?*

3) ... – Você já se esforçou repetidas vezes para controlar, diminuir ou parar de usar a internet, mas já fracassou?

4) ... – Você fica inquieto, mal-humorado, deprimido ou irritável quando tenta diminuir ou parar de usar a internet?

5) ... – Você fica on-line mais tempo do que pretendia originalmente?

6) ... – Você já prejudicou ou correu o risco de perder um relacionamento significativo, emprego ou oportunidade educacional ou profissional por causa da internet?

7) ... – Você já mentiu para familiares, terapeutas ou outras pessoas para esconder a extensão de seu envolvimento com a internet?

8) ... – Você usa a internet como uma maneira de fugir de problemas ou de aliviar um humor disfórico (por exemplo, sentimento de impotência, culpa, ansiedade, depressão)?

Certamente, grande parte dos usuários responderiam positivamente à maioria dessas perguntas, mas o agravante está naquelas pessoas que não conseguem ficar uns minutinhos a mais distante do celular que logo apresentam alterações de humor, estresse e inquietação.

Nabuco (2014, p. 1) indica fatores que diagnosticam a dependência digital:

> 1) Saliência cognitiva: ... – Veja mais em https://cristianonabuco.blogosfera.uol.com.br/2014/01/22/voce-esta-dependente-de-seu-telefone-celular/?cmpid=copiaecola Quando o uso do telefone celular domina os pensamentos e comportamentos de uma pessoa, ou seja, quando ela pensa e faz coisas sempre com a possibilidade de usar o celular.
> 2) ... – Veja mais em https://cristianonabuco.blogosfera.uol.com.br/2014/01/22/voce-esta-dependente-de-seu-telefone-celular/?cmpid=copiaecola

Alteração do humor: Quando o indivíduo utiliza o celular, experimenta uma sensação de prazer, euforia ou alívio.

3) ... – Veja mais em https://cristianonabuco.blogosfera.uol.com.br/2014/01/22/voce-esta-dependente-de-seu-telefone-celular/?cmpid=copiaecola

Tolerância: A pessoa necessita passar cada vez mais tempo usando o celular para obter o mesmo prazer obtido anteriormente com o uso.

4) ... – Veja mais em https://cristianonabuco.blogosfera.uol.com.br/2014/01/22/voce-esta-dependente-de-seu-telefone-celular/?cmpid=copiaecola

Sintomas de abstinência: Quando o sujeito se encontra impossibilitado de usar seu telefone celular, experimenta um grande desconforto emocional.

5) ... – Veja mais em https://cristianonabuco.blogosfera.uol.com.br/2014/01/22/voce-esta-dependente-de-seu-telefone-celular/?cmpid=copiaecola

Conflito: O uso do celular criando conflitos com outras pessoas (em geral pessoas mais próximas, como cônjuge e/ou familiares), como também gerando problemas com outras atividades do cotidiano e, finalmente.

6) ... – Veja mais em https://cristianonabuco.blogosfera.uol.com.br/2014/01/22/voce-esta-dependente-de-seu-telefone-celular/?cmpid=copiaecola

Recaída: Ocorrendo quando o sujeito apresenta tentativas malsucedidas de diminuir o uso do celular, voltando a usar o telefone celular com a mesma frequência ou, por vezes, aumentando ainda mais o tempo de uso.

Um vício é tudo aquilo que o sujeito não consegue ter controle sobre ele; o viciado jamais diz que está sendo manipulado por algo. E como toda dependência tem sua nomenclatura, a adição digital é designada *nomofobia*, ou seja, o medo de ficar sem internet ou aparelhos tecnológicos. Existe, sim, tratamento e cura; controlar o emocional e atribuir uma rotina para o uso do celular pode ajudar no tratamento.

É importante esclarecer como a sociedade chegou a esse patamar: anteriormente, o público consumidor se contentava em ouvir anúncios através do rádio ou numa imagem em preto e branco na TV, somente; havia poucas opções e poucas informações. Por sua vez, as empresas nem precisavam se preocupar tanto com os concorrentes distantes e até invisíveis para muitos.

Contudo, no mundo atual, essa dependência é quase natural, pois todas as relações são intermediadas pela tecnologia, especialmente as profissionais.

2.5
Comportamentos nocivos na *web*

Você já deve ter sofrido ou conhece alguém que já sofreu uma pressão no mundo virtual por motivos de opiniões distintas ou até mesmo por uma impressão equivocada. O *bullying* acontece presencialmente por meio de agressões psicológicas e físicas, e o *cyberbullying* é uma violência psicológica efetuada em ambiente virtual. Esse tipo de violência geralmente envolve grupos ou até mesmo duas pessoas nas redes sociais e *streamings* como o YouTube.

Assim, Wolak et al. (2007, citados por Amado et al., 2009, p. 303-304) definem:

> *o cyberbullying constitui uma nova expressão do bullying, enquanto agressão, ameaça e provocação de desconforto, premeditadas e repetidas, realizadas com recurso a dispositivos tecnológicos de comunicação, tais como o e-mail, o chat, o blogue, o telemóvel, etc., contra uma vítima de estatuto semelhante mas que tem dificuldade em defender-se. Tendo em conta esta definição pode afirmar-se que nem toda a provocação ou acção ofensiva através das TIC deve*

ser considerada como cyberbullying, ou que este conceito não é apropriado para todo e qualquer assédio ou acto ofensivo on-line. Note-se que a imprecisão acerca dos termos a utilizar é causa de grandes discrepâncias no registo da prevalência do fenómeno.

A intencionalidade do *cyberbullying* é constranger, discriminar, perseguir com palavras e textos de caráter abusivo, entre outros.

Algumas formas de combater essa atitude são:

» não aceitar convite de usuários desconhecidos;
» não se calar diante das primeiras causas, o ideal é falar;
» evitar imagens comprometedoras ou até mesmo imagens insinuantes para que não seja vítima de montagens mal-intencionadas.

Segundo Ponte e Cardoso (2009, p. 3),

O cyberbullying necessita da presença dos espectadores, uma vez que "a divulgação massificada de imagens ou informações privadas ou perturbadoras funciona na medida em que estas são vistas". Fato também constatado no bullying, em que a presença de espectadores é um fator reforçador.

Em síntese, essas práticas acontecem diretamente de um grupo para outra pessoa.

2.5.1
Haters

Hater (palavra inglesa que significa "odiador") é o agente que costuma fazer invasões mais graves e desrespeitosas. Em geral, usuários desse tipo não focam em uma pessoa específica; tendem a agredir diferentes usuários das redes, normalmente a partir de um comentário ou opinião emitida.

Para Pessotto e Toledo (2014, p. 87),

> *Um único grupo de espectadores, que zombam de produtos e celebridades, pregando ódio a qualquer mínima manifestação ou elemento que os desagrade. Seu mote é repetido em inglês, por outros espectadores 'comuns': haters gonna hate (odiadores odiarão).*

Quem é alvo preciso de *haters* são as pessoas famosas, já que elas causam inveja por terem uma vida financeira e social supostamente boa. Costumam atingir suas vítimas com comentários maldosos ou fora de contexto. O comportamento padrão de um *troll* envolve postar uma mensagem, geralmente em resposta a uma questão, buscando insultar, chatear ou perturbar o grupo.

Assim, também podemos destacar como violência na internet a trolagem, o assédio e a perseguição. Esses casos consistem na perturbação e no constrangimento que uma pessoa ou um grupo causa a outra, acarretando à vítima danos psicológicos e emocionais, que podem se tornar danos físicos.

Assim, para Zago (2012, p. 151-152),

> *O termo troll é utilizado na internet para designar um indivíduo que busca interferir no bom andamento de uma discussão em uma determinada comunidade on-line, através da postagem de comentários maldosos ou fora de contexto. O comportamento padrão de um troll envolve postar uma mensagem, geralmente em resposta a uma questão, buscando insultar, chatear ou perturbar o grupo. O termo surgiu na Useneti, a partir da expressão trolling for suckers (em português, "lançando a isca para os trouxas").*

Dessa forma, o sentimento de abalo pode invadir o emocional e causar frustrações psicológicas.

Tais ocorrências ilustram a violência na internet, tema sobre o qual Amado et al. (2009, p. 305) registram que:

> Apesar do reconhecimento de que o cyberbullying traz novas questões e desafios à escola, às famílias, bem como a todos os que têm responsabilidades sociais, políticas ou educativas, a verdade é que os contornos deste fenómeno ainda não estão claramente definidos e a investigação neste domínio é ainda incipiente.

Assim como a educação é aplicada no meio real, ela deve ser trabalhada no meio virtual, até porque esse é um novo mundo, onde as pessoas se relacionam se conhecem, trocam informações e conhecimentos.

Dessa forma, Calhau (2009) aponta que:

> O bullying e o cyberbullying se opõem aos direitos previstos no artigo 5.º da Constituição Federal de 1988. Além da Constituição Federal, o Código Civil, o Código Penal, o Código do Consumidor, entre outras leis, determinam punições não específicas para o bullying, mas que podem ser aplicadas diretamente a esse processo. O autor ressalta também a importância em se destacar que nos últimos cinco anos o assunto rompeu com os obstáculos iniciais na jurisprudência do país.

É um mundo mais amplo aos olhos do ser humano, pois é nele que podemos chegar a lugares nunca vistos, nem conhecidos. O mundo dos famosos se encostou no mundo das pessoas comuns, algo impensável até pouco tempo.

Síntese

» Para Lindstrom (2016), o neuromarketing é a chave para os pensamentos, sentimentos e desejos subconscientes que impulsionam as decisões de compra diárias.

- » Dias (2009) defende que a filosofia de marketing verde compreende a importância da preservação do meio ambiente estando impregnada em toda a organização, incluindo o comportamento cotidiano das pessoas que a integram.
- » A Lei n. 12.305/2010 – Política Nacional de Resíduos Sólidos (PNRS) – aborda a inovação e apresenta formas de proteger a natureza propondo para as pessoas hábitos de consumo inteligente, informando a prática de reutilização, reciclagem e descarte.
- » King, Nardi e Cardoso (2014) mencionam que, em geral, os indivíduos nomofóbicos apresentam um perfil ansioso, dependente e com baixa autoestima. Algumas características observadas são perfeccionismo, inflexibilidade e exigência consigo mesmo.
- » Nabuco (2014) alerta que o uso excessivo do celular cria problemas interpessoais (em geral com cônjuge e/ou familiares), e conflitua com outras atividades do cotidiano e pode originar sentimentos de inadequação e fraqueza por ter recaídas.
- » Pessotto e Toledo (2014) definem *haters* como espectadores que zombam de produtos e celebridades, pregando ódio a qualquer mínima manifestação ou elemento que os desagrade.

Estudo de caso

O presente caso aborda a proposta de reconhecimento e aceitação das comunicações atuais que a tecnologia oferece, dando origem a mais uma cultura, a *cibercultura*.

As gerações são identificadas pelos mecanismos de informação que estão presentes em sua era. E a geração com a qual convivemos talvez não seja aquela em que nascemos. Por exemplo, uma pessoa que tem 40 anos conheceu fax, telegrama, orelhões, TV em preto e branco, fita cassete, enfim, nada que permanece como fonte de comunicação, como é o caso dos aparelhos digitais em geral. Para uma pessoa que passou por essa transição é bem complicado ter que lidar com as novas formas de se relacionar, porém tudo é questão de adaptação. O que mais inquieta algumas pessoas é a incógnita do futuro, que se apresenta diante da nova cultura de comunicação, uma vez que já na atualidade estamos tão expostos e tão presos a essas novas tecnologias

Analisando de forma direta a questão de exposição e prisão por causa das novas formas de se comunicar, relate quais são as características de viver aprisionado e ao mesmo tempo livre na nova era.

Resolução

É simples compreender e entender a jogada das redes de comunicação, pois ela favorece intensificar a rede de relacionamentos, liberar informações com rapidez e abrir espaço para o conhecimento de fontes seguras. Trabalha em favor do mercado econômico, pois se tornou o maior espaço de consumo entre os usuários virtuais, dá oportunidades de interagir com o público por meio de suas ferramentas de acesso. Permite também desenvolver projetos e realizar transações em qualquer hora e lugar apenas por meio de um aparelho digital.

Por um lado, as redes sociais aproximam as pessoas e os usuários se rendem às facilidades dos serviços disponibilizados no ambiente digital. Parte deles prefere buscar informações na internet antes de consumir qualquer produto. portanto, o mundo virtual pode oferecer variadas soluções, tornando-as dependentes de tais ferramentas.

Além disso, nas redes, as pessoas se sentem à vontade para emitir opiniões e expor suas vidas, quase dissociando essa exposição e liberdade das consequências no mundo real.

Tudo isso demanda cautela por parte do usuário, tanto para bem aproveitar sua liberdade, quanto para evitar ataques e até mesmo a dependência

Dica 1

Entender as novas formas de comunicação é compreender que estamos vivendo num mundo cada vez mais inovador e dinâmico, onde as coisas se renovam em instantes.

O vídeo apresentado expõe as definições de cibercultura e ciberespaço de forma direta e objetiva.

SE LIGA – ENEM E VESTIBULARES. Cibercultura e Ciberespaço. 11 fev. 2019. 24 min 20 s. Disponível em: <https://www.youtube.com/watch?v=lBt4jTqghHw>. Acesso em: 15 jul. 2021.

Dica 2

A dependência virtual acarreta de forma brusca uma prisão quase imperceptível. Assim, o vídeo a seguir explica como as pessoas podem entender que precisam buscar ajuda.

CANAL VIDA MENTAL. O que é dependência de Internet? 24 mar. 2013. 4 min 21 s. Disponível em: <https://www.youtube.com/watch?v=O2HQ1IeqQeg>. Acesso em: 21 maio de 2021.

Dica 3

A Constituição Federal de 1988, em seu art. 5º, inciso IX, destaca o direito das pessoas de expressar suas opiniões e apresentar seus negócios como forma de divulgar com amplitude, seja qual for o conteúdo ou produto: "É livre a expressão da atividade intelectual, artística, científica e de comunicação, independentemente de censura ou licença; [...]".

BRASIL. Constituição (1988). Diário Oficial da União, Brasília, DF, 5 out. 1988. Disponível em: <http://www.planalto.gov.br/ccivil_03/constituicao/constituicao.htm>. Acesso em: 15 maio 2021.

capítulo 3

Medidas protetivas: dever do Estado e direito de todos

Conteúdos do capítulo

- » Internet e direitos autorais.
- » Direitos de privacidade.
- » Transgressão marca-consumidor.
- » Vazamento de dados.
- » Resistência as medidas de segurança.

> Após o estudo deste capítulo, você será capaz de:

1. indicar a importância dos direitos autoriais;
2. identificar o tipo de documento para o qual não é necessária a imposição de direitos autorais;
3. saber quem tem direito à privacidade e quem assegura disso;
4. compreender a Lei n. 12.965/2014, que prevê punição para quem viola e invade a privacidade de outrem.

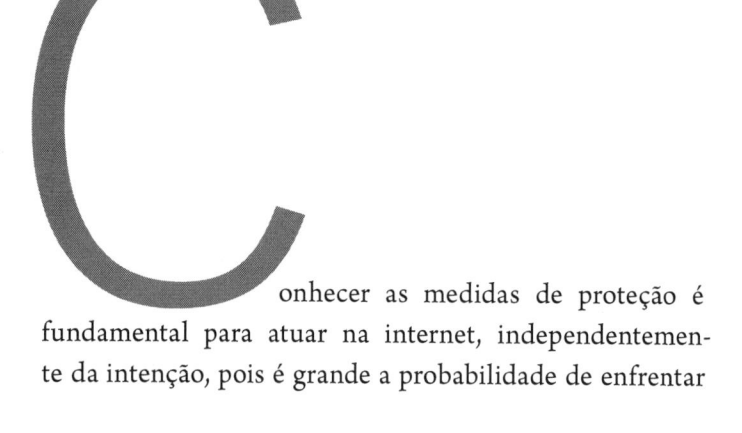

Conhecer as medidas de proteção é fundamental para atuar na internet, independentemente da intenção, pois é grande a probabilidade de enfrentar problemas ou sofrer impactos negativos ao compartilhar informações em um ambiente sem segurança. Por isso, é imprescindível adotar hábitos de segurança e empregar os meios de que a tecnologia dispõe para a preservação de nossos dados.

O usuário está amparado pela lei no que toca à sua privacidade também em esfera virtual, pois a Constituição nos garante proteção. Os direitos autorais participam de forma vantajosa para criadores e licenciados. Tudo conforme a lei. A divulgação, a autorização e as proteções são veiculadas em respeito a cada cidadão referente.

Certas produções são contempladas pelos direitos autorais e protegidas de plágio quando apresentam os mecanismos de proteção, sendo sujeitos a disputas de autores por falta de provas. Também há aquelas obras que são liberadas. Adiante, listaremos todos esses casos.

Há diferença entre invasão nas redes sociais e invasão de dados, sendo também distintos os efeitos negativos para empresas e usuários da internet.

O que esses cibercrimes têm em comum são a caracterização de violação da intimidade e ato contrário à lei.

Neste capítulo, enfocaremos a relação entre cliente e empresa no que respeita aos cuidados a serem tomados por ambos os agentes no intuito de manter empresas e usuários livres de ataques.

3.1
Internet e direitos autorais

Assim como o mundo físico é controlado por leis, o meio virtual também está submetido a elas; afinal, a lei se aplica às condutas dos cidadãos e às relações interpessoais, as quais também estão presentes no mundo digital. No Brasil, um dos instrumentos legais que se aplica em ambas as esferas é a Lei de Direitos Autorais (LDA) (Brasil, 1998). Aplica-se o disposto nessa lei aos nacionais ou às pessoas domiciliadas em país que assegure aos brasileiros ou pessoas domiciliadas no Brasil a reciprocidade na proteção aos direitos autorais ou equivalentes. Portanto, todo brasileiro residente ou não no Brasil, que esteja no país que assume a dada proteção e os residentes no Brasil são amparados pelas condições da LDA.

A lei de direitos autorais, além de oferecer medidas de proteção, prevê punição para os envolvidos. Tudo o que é produzido tem um criador; no entanto, na atualidade é difícil saber de quem são as produções que se encontram na internet, um espaço vasto e cheio de criações.

Figura 3.1 – Símbolos de direitos autorais

Ⓒ Ⓡ CC TM

Uma possibilidade é observar os comentários deixados nos *sites* de buscas a fim de checar a credibilidade que tal *site* tem com seu público e identificar o índice de satisfação.

Antigamente, para guardar e proteger as obras, os artistas pesquisavam uma indústria a qual oferecia os equipamentos para o devido trabalho de publicação, era assinado um contrato e era feito pagamento ao profissional; porém a indústria ficava com a responsabilidade de reproduzir e divulgar, mesmo sem obter sucesso, se fosse o caso.

Com o aumento de informação e transmissão na era tecnológica, certos indivíduos tentam tomar proveito das circunstâncias e passam a fazer uso indiscriminado de conteúdos disponíveis na internet, independentemente de estar protegido ou não por lei.

Atualmente, com o marketing digital, inúmeros profissionais são custeados pelos *sites* para postar estudos científicos, obras artísticas como livros, músicas, artesanato e opiniões de experiência qualificada. Entretanto, as práticas de plágio acontecem, porque uma parte das pessoas desconhecem as formas de inserir seus conteúdos com proteção.

O meio digital permite o uso de licenças flexíveis e seguras, amparando seus criadores, que já têm direitos autorais sobre suas obras. Para Dudziak (2016), a chamada licença *Creative Commons* propõe uma variedade de métodos que liberam o compartilhamento grátis, podendo o autor indicar algumas restrições, tais como:

- » BY: **Atribuição de créditos ao autor** – ao divulgar a obra, é necessário o esclarecimento da fonte e citar o autor;
- » NC: **Uso não comercial** – proíbe lucratividade;
- » ND: **Não permite a produção de trabalhos derivados** – aceita *downloads*, compartilhamentos, desde que não altere a obra e cite o nome do autor;
- » SA: **Requer que as obras derivadas obtenham a mesma licença do material original** – aceita trabalhos baseados nas ideias da obra, sem fins lucrativos, requerendo o devido crédito.

A *Creative Commons* funciona como vantagem tanto para o autor original quanto para as pessoas que se baseiam nas obras para executar outras atividades. O autor, ao oferecer às pessoas sua obra, além de deixá-la disponível para contribuir em algo, tende a ter sua produção mais divulgada.

3.1.1
A condução dos direitos autorais na internet

Em esfera virtual, os direitos autorais contemplam:

- » artigos científicos como trabalho de conclusão de curso;
- » textos de livros, até mesmo poucas páginas.

- » registros de conferências, como a metodologia geral do encontro.
- » roteiros de peças teatrais e musicais.
- » obras audiovisuais, como telenovelas, filmes e séries;
- » músicas com letra ou instrumental;
- » pinturas, ilustrações, desenhos e fotografias;
- » projetos e esboços de arquitetura;
- » traduções e adaptações de obras originais;
- » enciclopédias, dicionários e bases de dados.

Consultando a legislação

Segundo o art. 8º da Lei n. 9.610, de 19 de fevereiro de 1998, "Não são objeto de proteção como direitos autorais de que trata esta Lei: Ideias, procedimentos normativos, sistemas, métodos, projetos ou conceitos matemáticos".

BRASIL. Lei n. 9.610, de 19 de fevereiro de 1998. Diário Oficial da União, Poder Legislativo, Brasília, DF, 20 fev. 1998. Disponível em: <http://www.planalto.gov.br/ccivil_03/leis/l9610.htm>. Acesso em: 18 jul. 2021.

A lei é limitada e alguns aspectos ficam livres de suas proteções. Dessa forma, não se aplicam os direitos autorais a:

- » esquemas, planos ou regras para realizar atos mentais, jogos ou negócios;
- » formulários em branco para serem preenchidos por qualquer tipo de informação, científica ou não, e suas instruções;
- » textos de tratados ou convenções, leis, decretos, regulamentos, decisões judiciais e demais atos oficiais;
- » Informações de uso comum, tais como calendários, agendas, cadastros ou legendas;
- » nomes e títulos isolados;
- » aproveitamento industrial ou comercial das ideias contidas nas obras.

Dessa forma, existem algumas criações que não são resguardadas por direitos.

Ainda, há algumas formas de expor e reproduzir obras sem ferir os direitos autorais, por exemplo:

> » as paródias não são consideradas cópias, desde que não desmoralizem a obra original.
> » para a reprodução de obras de artistas falecidos, segundo a LDA, é permitida após 70 anos contados de 1º de janeiro do ano subsequente ao de seu falecimento. Essa regra varia de país para país, o que demanda verificar outras legislações quando da confecção de qualquer projeto que use obra de terceiro como recurso.

Exemplo prático

Um assunto bastante comentado em *sites* de celebridades em 2020 foi a separação do cantor e compositor sertanejo Gustavo Lima, que em um de seus *posts*, para justificar sua separação, publicou em suas redes sociais um texto extraído do *site* de busca Google. Logo os internautas perceberam a falta de humildade do artista, por não ter ao menos citado a fonte de seu texto, gerando comentários de indignação. Ele não respondeu por isso, nem foi processado, talvez o texto que ele expôs estava com uma licença mais flexível, seu autor não atribuiu essa condição pelo fato de o conteúdo não necessitar de direitos autorais.

As obras estão vulneráveis ainda mais com o livre acesso nos dispositivos digitais; contudo, é difícil saber quem copiou as ideias primeiro, quem foi vítima e quem é o transgressor.

Consultando a legislação

Segundo o art. 184 do Código Penal, violar os direitos de autor e os que lhe são conexos têm como pena detenção, de 3 (três) meses a 1 (um) ano, ou multa.

BRASIL. Decreto-Lei n. 2.848, de 7 de dezembro de 1940. **Diário Oficial da União**, Poder Executivo, Rio de Janeiro, RJ, 31 dez. 1940. Disponível em: <https://www.jusbrasil.com.br/topicos/10615003/artigo-184-do-decreto-lei-n-2848-de-07-de-dezembro-de-1940>. Acesso em: 29 jan. 2021.

Exercício resolvido

A lei de direitos autorais dá garantias de proteção, comprometendo-se em punir devidamente os indivíduos que efetuam publicações como cópias e plágios, ou seja, aqueles que usam arquivos de outros autores se promovendo de maneira delituosa. Sabendo disso, são medidas para manter projetos e arquivos protegidos de oportunistas, **exceto**:

a) Para manter provas de autoria, guardar cópias com vários padrões; assim é impossível executarem o plágio.

b) Para fotografias, usar marca d'água de determinado profissional ou empresa.

c) Em um artigo publicado na internet, aplicar os *plug-ins* para evitar a colagem do documento.

d) Enviar documentos por *e-mail*.

Gabarito: *a*

O indicado é fornecer cópias padronizadas, ou seja, com o modelo único.

3.2
Direitos de privacidade

Privacidade é um termo que se aplica a esferas pessoais, profissionais, sociais e culturais, ou seja, existe privacidade em tudo e para tudo, até mesmo na internet.

Ao abrir uma conta de rede social, o usuário tem de escolher uma senha para sua proteção. Ninguém pode visualizar conversas e imagens. Então, fica claro que a privacidade está atrelada a uma segurança garantida. Entretanto, não estamos totalmente seguros, pois da mesma forma que podemos sofrer um assalto em nossas casas, não é impossível que tenhamos uma invasão nos nossos sistemas virtuais.

Consultando a legislação

O Código Civil, em seu art. 21, dispõe que a vida privada da pessoa natural é inviolável, e o juiz, a requerimento do interessado, adotará as providências necessárias para impedir ou fazer cessar ato contrário a esta norma.

BRASIL. Lei n. 10.406, de 10 de janeiro de 2002. **Diário Oficial da União**, Poder Legislativo, Brasília, DF, 11 jan. 2002. Disponível em: <http://www.planalto.gov.br/ccivil_03/leis/2002/l10406compilada.htm>. Acesso em: 18 jul. 2021.

A característica principal da privacidade é permitir que a intimidade e os seus interesses pessoais sejam preservados. Sendo assim, segundo Pablo Stolze(2003, citado por Velloso; Domingues, 2019, p. 5),

> *Com o avanço tecnológico, os atentados à intimidade e à vida privada, inclusive por meio da rede mundial de computadores (Internet), tornaram se muito comuns. Não raro determinadas empresas obtêm dados pessoais do usuário*

(profissão, renda mensal, hobbies), com o propósito de ofertar o seus produtos, veiculando a sua publicidade por meio dos indesejáveis spams, *técnica ofensiva à intimidade e à vida privada.*

Consultando a legislação

O Marco Civil da Internet regula direitos e deveres dos internautas na navegação. Seu foco é, também, proteger os dados pessoais e a privacidade dos usuários.

BRASIL. Lei n. 12.965, de 23 de abril de 2014. **Diário Oficial da União**, Poder Legislativo, Brasília, DF, 24 abr. 2014.Disponível em: <http://www.planalto.gov.br/ccivil_03/_ato2011-2014/2014/lei/l12965.htm>. Acesso em: 18 jul. 2021.

3.2.1
Privacidade na internet

A existência da internet e sua imensa rede de relacionamentos concedeu às pessoas mais contatos, mais proximidade, porém, mais acesso a dados pessoais e giro rápido de publicações. As empresas que dominam a internet, como os *sites* de busca e redes sociais, são proibidas de repassar para terceiros dados pessoais, com exceção de alguma determinação judicial, para monitoramento do usuário e de seus documentos. As empresas que expuserem informações de usuário, de forma indevida, responderão pelo ato de crime.

As leis em favor do direito à privacidade nasceram entre as décadas de 1960 e 1970, demarcadas pelo surgimento da tecnologia e seus artefatos de comunicação, nos países mais desenvolvidos (Alemanha, França, Noruega, Suécia e Áustria). Tais nações resolveram criar suas próprias medidas de proteção de dados. Com a promulgação da Constituição de 1988, muitos direitos e deveres foram impostos, tanto para cidadãos quanto para governantes em relação aos deveres.

Em 1965, foi criado o Serviço Federal de Processamento de Dados e a Empresa Brasileira de Telecomunicações, vinculada ao Ministério das Comunicações, somente em 1995 a internet foi distribuída de forma comercial.

No Brasil, a chegada do novo milênio foi determinada pela visão de entender a importância de proteger o mundo *on-line*, pois a internet seria e é uma base também para elementos mal-intencionados, sendo que atos virtuais afetam diretamente o ambiente real em que vivemos e praticamos todas as nossas ações. A justiça vem sempre buscando as melhores condições e formas de se adequar aos cibercrimes, crimes cometidos através de computadores e aparelhos digitais.

Consultando a legislação

Conforme o art. 5º da Constituição, "Todos são iguais perante a lei, sem distinção de qualquer natureza, garantindo-se aos brasileiros e aos estrangeiros residentes no País a inviolabilidade do direito à vida, à liberdade, à segurança e à propriedade [...]".

Sendo assim, nos termos seguintes:

> IV – *é livre a manifestação do pensamento, sendo vedado o anonimato;*
>
> V – *é assegurado o direito de resposta, proporcional ao agravo, além da indenização por dano material, moral ou à imagem;*
>
> IX – *é livre a expressão da atividade intelectual, artística, científica e de comunicação, independentemente de censura ou licença;*
>
> X – *são invioláveis a intimidade, a vida privada, a honra e a imagem das pessoas, assegurado o direito a indenização pelo dano material ou moral decorrente de sua violação;*
>
> XIV – *é assegurado a todos o acesso à informação e resguardado o sigilo da fonte, quando necessário ao exercício profissional. (Brasil, 1988)*

BRASIL. Constituição (1988). **Diário Oficial da União**, Brasília, DF, 5 out. 1988. Disponível em: <http://www.planalto.gov.br/ccivil_03/constituicao/constituicao.htm>. Acesso em: 21 maio 2021.

Vejamos que as garantias constitucionais estão todas relacionadas à liberdade informática, permitindo aos cidadãos o direito de informar e ter acesso à informação. Os usuários virtuais tendem a se sentir livres para falar o que pensam, pois na internet a liberdade de expressão parece ser maior que a do mundo real. Contudo, existem limites a serem respeitados, especialmente quando se refere à de ultrapassar o desrespeito e a moral alheia, caso contrário é imposta indenização por descumprimento da lei.

Como já mencionado, a privacidade deve ser mantida em cumprimento, conforme a lei exige, ainda que todos tenhamos direito à informação, a menos que seja em preservação ao exercício profissional.

Sobre o tema da segurança no meio virtual, temos de lembrar que, quando criada, a Constituição não contemplava tal questão, pois essa ainda não era uma demanda da sociedade. Por isso, a punição para os crimes cibernéticos inicialmente teve de estar pautada no ferimento a diferentes garantias constitucionais, sendo aplicada indenização ao dano material ou moral.

Sendo assim, Monteiro Neto (2008, p. 9) cita que

> *A constituição enquanto mecanismo regulador de toda ordem Política e Jurídica do Estado, acabou abarcando a responsabilidade de dar contornos jurídicos a nova realidade social, cultural e econômica que surgia. Consequentemente, a Lei Suprema estendeu Laços Protetivos aos novos bens e valores jurídicos, resultados da chamada revolução informacional.*

No entanto, é possível notar que as leis específicas no setor virtual, para tratar de quem realmente comete crimes na internet, ainda não são bem-estruturadas conforme o novo espaço se encontra. O que existe é o projeto de lei a ser aprimorado.

Portanto, a legislação trabalha em favor da proteção dos dados desde a chegada da internet, tudo em favor da proteção dos indivíduos, além de se adequar às modificações digitais.

3.2.2
A invasão nas redes sociais

Ataques cibernéticos são uma atividade criminosa que tem como alvo ou faz uso de um computador, uma rede de computadores ou um dispositivo conectado à rede.

> Com o progresso científico e o avanço da técnica, as intromissões na intimidade e na vida privada das pessoas agravaram-se. Aliás, no passado, a necessidade de estar só era atribuída à excentricidade, não se pensava em isolamento. No entanto, hoje apresenta-se uma outra realidade. A tecnologia provoca um aumento desenfreado nas possibilidades e na velocidade do acesso à informação, levando, consequentemente, a uma maior fragilidade da esfera privada, da intimidade das pessoas. (Costa Júnior, 1970, p. 14)

Hoje é muito fácil *hackear* contas sociais, pois as empresas não disponibilizaram ainda ferramentas suficientemente seguras. Isso ocorre porque todas as redes sociais mantêm os dados de seus usuários e, caso um grupo de *hackers* tenha acesso à alguma configuração, vários usuários podem sofrer tais danos.

3.3 Transgressão marca-consumidor e transgressão mídia-consumidor

Nesta seção, trataremos especificamente sobre o surgimento das transgressões no ambiente virtual que envolvem as marcas, as mídias e os consumidores.

Conforme Rusbult et al. (1991, citados por Korelo, 2013, p. 28), as "transgressões ocorrem inevitavelmente, quando uma parte ou outra, em um dado momento se engaja em um comportamento ou ato destrutivo para o relacionamento".

As transgressões ocorrem dos dois agentes: tanto por consumidores, que buscam promoções e caminhos melhores, visando a qualidade, atendimento e economia, quanto por marcas, que podem fazer propostas que aparentemente são boas, mas não oferecem vantagens aos seus clientes.

Dessa forma, Fullerton e Punj (1998, citados por Korelo, 2013, p. 29), citam que "consumidores transgridem por diversos motivos, aspirações não preenchidas, ausência de restrições morais, oportunismo calculado, ofertas de concorrentes, entre outros."

Quando o consumidor se depara com um preço menor na concorrência, obviamente vai recorrer à empresa que lhe oferece mais vantagens. Assim, podemos entender que o consumidor, ao optar por comprar na loja promocional, efetua uma transgressão em relação à marca que sempre costuma utilizar.

Sendo assim, conforme Korelo (2013, p. 26)

> *Algumas marcas apresentam componentes que coincidem fortemente com valores intrínsecos culturais. Quando isso acontece, tais marcas ganham* status *de ícones, responsáveis por carregar significados e criam conexão com os consumidores que passam a se relacionar com elas.*

O relacionamento entre marca e consumidor na nova era tende a ir mais além, surpreender, impactar e transformar a vida das pessoas, ajudando a construir a identidade do público que utiliza a marca tornando-a um ícone entre seus clientes.

Geralmente, quando consumimos uma marca somos associados aos valores que ela comunica no mercado, e isso não é difícil de identificar. Uma marca de cosméticos conhecida por sua qualidade nos produtos permite que seus usuários se apresentem na sociedade bem alinhados a sua intencionalidade. "Nesse sentido, as marcas servem como artefatos que comunicam quem os indivíduos foram, quem são e quem querem ser" (Korelo, 2013, p. 25).

Como observamos, as marcas precisam dos consumidores e os consumidores nem sempre vão manter uma relação constantemente fiel a elas, pois, o relacionamento marca-consumidor se fundamenta em interesses econômicos e necessidades consumistas. Por isso, na maioria das vezes, as transgressões partem dos consumidores.

Outros aspectos que fazem consumidores transgredir, segundo Korelo (2013, p. 29), é: "Falsificar o sistema de carimbos ou selos de uma cartela em um programa de fidelidade do cabeleireiro pode ser uma infração grave para uma cliente, mas pode ser considerado banal para outra."

Por sua vez, uma marca pode transgredir sobre seus consumidores quando a marca inicia seu modelo de consumo e não apresenta seus caminhos de forma clara, atraindo as pessoas a crescer financeiramente, incentivando-as a fazer investimentos significativos para gerar em suas vidas altos lucros, sem falar que seu funcionamento é árduo e não muito simples.

A mídia está se colocando numa posição de destaque nas mudanças que ocorrem, pois mantém as relações mais próximas entre o consumidor nos dias atuais. É a mídia o maior produto de consumo hoje.

> *Como a cultura é mediada e determinada pela comunicação, as próprias culturas, isto é, nossos sistemas de crenças e códigos historicamente produzidos são transformados de maneira fundamental pelo novo sistema tecnológico e o serão ainda mais com o passar do tempo. (Castells, 1999, citado por Stazauskas, 2011, p. 35)*

Podemos perceber esse fato quando procuramos consultar um produto e muitas vezes ele chega primeiro a nossa vista, através de uma propaganda publicitária ou por indicação subjetiva de alguém. Mas que mídia é essa? Não é aquela mídia tradicional, que se encontra nas TVs abertas, nos jornais em horários nobres, tampouco nos produtos encontrados nas novelas.

As pessoas que buscam se atualizar somente pelas mídias tradicionais vão ficando para trás e não conseguem ter uma visão ampla de mundo do ciberespaço. Não precisamos abandonar totalmente os meios tradicionais, mas devemos estar abertos para aceitar o novo.

> *Com as novas tecnologias, tudo mudou. A humanidade passa por uma fase de transição, marcada pela aceleração dos contatos e dos relacionamentos, ampliação dos mercados e assiste ao fim de muitos conceitos tidos como tradicionais. O mundo plugado, online, não deixa espaço para quem não o incorpora imediatamente. Quem sabe navegar, vai na direção certa, enquanto quem não vai pelo caminho das novas tecnologias só tende a involuir. (Bueno, 2003, citado por Stazauskas, 2011, p. 35)*

Os meios de comunicação exercem uma relação direta com o consumismo: as questões impostas pela comunicação social direciona as pessoas a consumir aquilo que a mídia pretende transferir. Qualquer ato midiático produz efeito no mercado, sem desperdício algum.

Assim, para Bauman (2008, p. 41), consumismo é

> *um tipo de arranjo social resultante das vontades, desejos e anseios humanos rotineiros, permanentes e, por assim dizer, "neutros quanto ao regime", transformando-os na principal força propulsora e operativa da sociedade, uma força que coordena a reprodução sistêmica, a integração e a estratificação sociais, além da formação de indivíduos humanos desempenhando ao mesmo tempo um papel importante nos processos de autoidentificação individual e de grupo, assim como na seleção e execução de políticas de vida individuais.*

A seguir, listamos ações que levam indivíduos a consumir inconscientemente:

» Uma propaganda publicitária de uma marca de sabão é apresentada na reprise de programas e novelas dos canais, sejam eles abertos ou fechados. Quando o cliente entra na loja e se depara com certa variedade de marcas, prefere levar aquela que a rede de comunicação social apresentou, porque ele foi convencido indiretamente que aquele é o melhor produto em qualidade.

» Quando alguém realiza uma compra em determinada empresa e divulga em seu *stories* de redes sociais, divulga a loja e, muitas vezes sem intenção, atrai novos consumidores para aquele ambiente.

» As pessoas hoje em dia são atraídas pelo novo. Se for moderno e inovador, aparentemente apresenta melhores condições. E de fato aquilo que vem depois pode render bem mais do que os meios tradicionais. Quando se tem um negócio empreendedor, por menor que ele seja, se as estratégias de marketing como publicações diárias, fotos, vídeos, textos de defesa e promoção da instituição forem realizadas em constância e conformidade, as chances de sucesso são muito altas.

» Para gerar consumidores, é preciso antes consumir.

E que consumo vem antes? É o consumo do marketing de mídia, primeiramente a empresa deve investir em mecanismos de propagação da empresa para então alcançar a marca do sucesso.

Portanto, mídia e consumo são indissociáveis e se interinfluenciam. Atualmente, o consumo parte das comunicações de que a mídia dispõe, e a mídia convence sobre aquilo que deve ser consumido pelas pessoas.

A mídia está sendo produzida na internet e nos *sites* de buscas, e o acesso a ela se dá mediante aparelhos celulares ou outro dispositivo eletrônico.

Assim, sobre essa mídia atual e relacionando com a comunicação das empresas, Bueno (2003, citado por Stazauskas, 2011, p. 35) declara que:

> A Comunicação Empresarial vai ter que, necessariamente, conviver com esta realidade fluida, surpreendente e perigosa da internet; aos poucos precisará desenvolver metodologias que possibilitem monitorar as informações, atenuando os seus efeitos. Ao mesmo tempo, deve aproveitar as oportunidades que as novas mídias oferecem, criando ações e canais que potencializem os recursos da comunicação on-line.

Atualmente existem canais fechados, por assinatura, que apresentam mais influência do que canais de grande nome abertos. No entanto, a mídia tradicional tem tentado reagir; muitos jornais e programas de TVs estão disponibilizando seus programas em formato digital e assim montando seu espaço virtual.

> *O consumidor já influi diretamente nos processos internos da empresa. O que era interno, privado à empresa, é escancarado e se transforma em valor adicionado ao produto final. [...] Inovação é a palavra mágica para se suavizar o impacto explosivo das mudanças tecnológicas e empresariais.* (Nassar; Figueiredo, 1995, citados por Stazauskas, 2011, p. 34)

O consumidor está mais avançado em seus comportamentos, e há quem diga que até mais do que a tecnologia, que se modifica a cada dia. Quem é mais inovador, o homem ou a mídia? Difícil responder a essa questão, até porque as pessoas tendem a naturalmente se adaptar ao ambiente em que estão inseridas, então é bem provável que os indivíduos acompanhem facilmente esse ritmo de mudanças constantes. Já com relação à mídia, quem é o responsável por produzir suas técnicas é o próprio ser humano.

3.3.1
Foco em gerar consumidores

O mercado tem lutado para atrair os consumidores. Como temos comentado ao longo da obra, o mundo mudou, e as formas de produzir, divulgar, comercializar, transportar também. A novidade é que o consumo está pautado principalmente pelas buscas. É claro, ainda existe uma pequena influência nas propagandas de rádio e TVs, mas o ambiente que a massa consumidora procura de imediato no momento de pesquisar por produtos é virtual. Tanto é assim que a maioria do comércio abriu uma filial no novo mundo, a internet.

É lá que os consumidores encontram as melhores oportunidades de preços, qualidade, variedade de itens, o cálculo do melhor frete e isso vale para produtos disponíveis em forma material e digital como *e-books*. Uma das ocasiões que gera preços mais baixos são os mecanismos de gastos que uma loja física disponibiliza; assim o mercado usa a estratégia de se localizar onde sua clientela está inserida.

E onde as pessoas passam a maior parte do tempo? É nas redes sociais que os usuários da internet costumam passear diariamente, gastando muito tempo em tal atividade. O mercado sabe que vai encontrar seu público-alvo nas redes sociais e usa bem essa informação.

Exemplo prático

Ana Paula comprou um vestido longo, muito elegante, numa loja que vende confecção especificamente para o público evangélico. Joana está à procura de um *look* para o culto de domingo, mas não sabe onde encontrar. Ao entrar na sua rede social, se depara com uma publicação de Ana Paula, vestida com um lindo vestido. Na parte inferior da imagem está a marca da loja onde comprou. De imediato, Joana faz a busca pela loja e é lá que vai fazer a compra do seu vestido. Será que Joana só comprou seu vestido no mesmo lugar que Ana por causa da publicação?

Quanto mais amigos virtuais, maior será a visibilidade da empresa, assim, mais força na hora de sair os produtos. Segundo Recuero(2011, citado por Stazauskas, 2011, p. 35), "é um momento de hiperconexão em rede, onde estamos não apenas conectados, mas onde transcrevemos nossos grupos sociais e, através do suporte, geramos novas formas de circulação, filtragem e difusão dessas informações".

A publicação foi apenas um chamariz, mas o fator determinante para o consumo foram as estratégias que a loja produziu ao comercializar, como vender um produto específico, permitir que seus clientes publiquem os produtos e promovendo de forma direta a loja.

Assim, conforme Bueno (2003, citado por Stazauskas, 2011, p. 34), "as organizações modernas já perceberam que relacionamento é a palavra-chave".

O engate para o mercado consumidor também se modificou e com essas modificações surgiram estratégias de onde encontrar, o que oferecer, como oferecer. Em vez de manipular como faziam, a melhor opção é atrair, fazer com que os clientes queiram o produto porque ele é bom sem ser preciso usar estratégias mais ostensivas ou agressivas.

Dessa forma, Hunt (2010, citado por Stazauskas, 2011, p. 48) afirma:

> Virar o megafone diz respeito a mudar a sua interação com os clientes ao tentar fazer com que eles ouçam e prestem atenção em você, justamente porque você escutou-os e prestou atenção neles. As empresas gastam bilhões de dólares todos os anos enviando mensagens atrativas de anúncios e promoções para o mercado, tentando fazer as pessoas repararem nelas e comprarem mais do que elas estão vendendo. Por somente falarem e não ouvirem, contudo, essas companhias perdem os benefícios essenciais de escutar: inovação direcionada aos clientes, construção de relacionamentos, solução proativa de problemas, e fazer com que os clientes se sintam bem consigo mesmos de forma que digam para os outros o quanto você os fez se sentir bem.

É natural que as pessoas entendam mais e busquem informações profundas do mercado. A inovação proporcionou vantagens para que assim fosse; mas, obviamente, há adversidades. Com isso, as exposições de cobranças, denúncias e insatisfação dos clientes muitas vezes afetam a fama de muitas empresas, causando grandes prejuízos.

Sobre isso, Hunt (2010, citado por Stazauskas, 2011, p. 43) cita que:

> Hoje, ficar fora dessa realidade não é mais uma opção. Trata-se dos consumidores falando para e com o mercado, seja positiva ou negativamente, e isso tem uma força inexorável que pode se reverter em grandes conquistas ou acabar de vez com nossos ativos mais valiosos: nossa marca; nossa imagem; nossa reputação. E reconstruí-los pode ser um caminho muito longo, se não for inviável.

O caminho deve sempre ser na transparência coletiva para que nada venha a sair do controle, onde um mecanismo aliado se transforme num inimigo temporário; isso mesmo, a relação com a internet não pode se desvincular por completo.

3.4 Vazamento de dados

Diferente de invasão nas redes sociais, o vazamento de dados acontece por meio do aparelho digital, sem a necessidade de recorrer às redes sociais. De qualquer forma, a intenção é resgatar o máximo de dados do titular do aparelho, seja por meio de senhas de aplicativos ou por arquivos. O fato é que quando a invasão de dados acontece, as redes socias ficam completamente expostas; por isso, o perigo maior está na invasão a partir de aparelhos, e não das redes sociais.

Quando uma rede social é hackeada, as pessoas conseguem informar melhor que foi vitima de um hacker. Na rede social ninguém costuma guardar imagens, conversas, senhas ou outros artefatos comprometedores, mas quando a invasão ocorre diretamente do operador digital, lugar em que as pessoas acessam lojas, bancos, deixam salvas todas as senhas, pastas de videos e fotos familiares, pastas de arquivos íntimos, as vítimas passam a ser iscas nas mãos dos criminosos.

A intenção é ameaçar fazer o vazamento de dados e adquirir valores em dinheiro, sempre com ameaças e chantagens. Existe a atividade criminosa que visa computadores, que são aqueles que enviam vírus por meio de spam, que quando abertos podem roubar ou excluir dados do aparelho.

Atividades criminosas que usa computadores para cometer outros crimes são aqueles que usam, de forma direta, os computadores ou redes de internet para espalhar *malwares* e divulgar informações e fotos ilegais.

Exemplo prático

Um caso que ficou bastante conhecido foi o vazamento de fotos íntimas da atriz Carolina Dieckman, que ocorreu no ano de 2012. Suas fotos estavam arquivadas em seu computador e *hackers* conseguiram acessá-las através de uma armadilha. Um *e-mail* (*spam*) que a atriz recebeu e abriu permitiu a instalação de um programa que obteve as imagens íntimas e todos os programas do PC. A atriz começou a receber ameaças caso ela se recusasse a fazer o que os criminosos desejassem, valores em dinheiro foram negociados para o silêncio dos indivíduos. Mesmo assim, os criminosos divulgaram as imagens e a atriz entrou em desespero, pois sua maior preocupação era seu filho adolescente.

Durante o ocorrido, a justiça entrou em ação e a partir de então surgiu o Projeto de Lei n. 2.793/2011, que se transformou na Lei Ordinária n. 12.737/2012, que ficou mais conhecida como Lei Carolina Dieckman (Wanderlei, 2013).

A atriz foi vítima de uma invasão de dados, de extorção e teve sua intimidade violada. A lei tipifica condutas criminosas, como a invasão de dispositivo informático alheio com a finalidade de obter, mudar, destruir dados ou informações, instalar vulnerabilidades, entre outros.

Portanto, para preservar os direitos essenciais de privacidade e liberdade e a livre evolução da personalidade da pessoa natural, criou-se a Autoridade Nacional de Proteção de Dados (ANPD), de acordo com o Decreto n. 10.474, de 26 de agosto de 2020.

Assim, conforme a Lei Geral de Proteção de Dados Pessoais (LGPD) são direitos do titular dos dados:

> O titular dos dados pessoais tem direito a obter do controlador, em relação aos dados do titular por ele tratados, a qualquer momento e mediante requisição:
> I – confirmação da existência de tratamento;
> II – acesso aos dados mantidos pelo controlador;
> III – correção de dados incompletos, inexatos ou desatualizados;
> IV – anonimização, bloqueio ou eliminação de dados desnecessários, excessivos ou tratados em desconformidade com o disposto na LGPD;
> V – portabilidade dos dados a outro fornecedor de serviço ou produto, mediante requisição expressa;
> VI – eliminação dos dados pessoais tratados quando revogado o consentimento dado pelo titular;
> VII – informação com quem o controlador realizou compartilhamento de seus dados;
> VIII – informação sobre a possibilidade de não fornecer consentimento e sobre as consequências da negativa;
> IX – revogação do consentimento. (Brasil, 2018)

Dessa forma, nos termos da LGPD, toda pessoa natural tem garantida a titularidade de seus dados pessoais e firmados os direitos essenciais de privacidade, intimidade e liberdade.

Consultando a legislação

A Lei Geral de Proteção de Dados Pessoais (LGPD), Lei n. 13.709, de 14 de agosto de 2018, dispõe sobre o tratamento de dados pessoais, inclusive nos meios digitais, por pessoa natural ou por pessoa jurídica de direito público ou privado, com o objetivo de proteger os direitos fundamentais de liberdade e de privacidade e o livre desenvolvimento da personalidade da pessoa natural.

BRASIL. Lei n. 13.709, de 14 de agosto de 2018. **Diário Oficial da União**, Poder Legislativo, Brasília, DF, 15 ago. 2018. Disponível em: <http://www.planalto.gov.br/ccivil_03/_ato2015-2018/2018/lei/l13709.htm>. Acesso em: 15 jul. 2021.

3.4.1
Como se proteger dessa ação

Assim como devemos zelar por nossos documentos, temos de cuidar da proteção de nossos dados, geralmente armazenados nos aparelhos digitais. A seguir, uma sequência de hábitos que vai evitar danos e invasões que as pessoas não merecem.

- **Atualizar os computadores**: assim os dados serão corrigidos e protegidos.
- **Instalar e manter um antivírus**: permite ver e eliminar alguma ameaça.
- **Criar senhas fortes e não salvá-las**: caso ocorra a invasão, nada de facilitar a vida dos criminosos.
- **Não abrir** *e-mails* **de** *spam*: esse arquivo consegue abrir o dispositivo e colher informações, inclusive as pessoais.
- **Não fornecer** suas informações por *e-mails* ou ligações: isso pode ser uma isca perigosa.
- **Ter uma relação segura e confiável com as empresas que realizam vendas** *on-line*: assim será mais fácil compreender de onde vêm as mensagens de confirmação e promoções das empresas.
- **Entrar em contato diretamente com a empresa**: para confirmar pedidos suspeitos.

> **Ficar atento a contas bancárias**: os dados podem alterar, ou seja, os valores da conta. Se isso acontecer é importante saber o quanto antes, para as medidas serem tomadas rapidamente e assim facilitar o processo de embate.

Essas são medidas simples e algumas podem até soar radicais, mas são necessárias; afinal, nunca sabemos se pode acontecer e quando vai acontecer. É perigoso e pode afetar toda a familia além da possibilidade de ocorrer alterações psicológicas na vida dos envolvidos.

3.5 Resistências às medidas de segurança

Muitas empresas podem sofrer os mesmos ataques e o vazamento de seus dados pode levar a um desfalque financeiro. As mesmas orientações para um único usuário serve para uma empresa. A seguir, vamos destacar medidas que previnem tais invasões nas contas e dados de empresas, para, assim, evitar o comprometimento da segurança.

O fato é que existem certas medidas de segurança que podem ser insuficientes no âmbito virtual. Toda máquina, seja ela mecânica ou digital, não oferece 100% de confiança, cada objeto quando lançado, sempre necessita de atualizações, reparos e aperfeiçoamentos.

São diversas as atualizações promovidas em diferentes dispositivos, muitas delas realizadas para a proteção de dados. Nesse processo, estão envolvidos os profissionais da área de propriedade intelectual.

Sendo assim, são diversas formas de segurança, entre elas:

1. **Segurança em cliente-servidor**: é a entrega de vários meios para autorizar apenas aos usuários e programas o acesso a dados e informações pessoais, tais

como bases de dados. Tais mecanismos incluem proteção de senha, cartões inteligentes criptografados, biométricos e *firewalls*.

2. **Problemas de segurança:** defeitos de segurança física podem ser apresentados quando pessoas têm acesso físico a computadores, sem autorização, ou seja, indivíduos fazem uso dos aparelhos a fim de coletar dados. Defeitos de segurança de *software* apresentam falhas que comprometem os programas. Defeitos de prática inconsistente seguem por falta de atenção da parte do administrador, fazendo combinações de *hardware* e *software* de modo a ser violado.

3. **Segurança de dados e transmissão:** a intenção desse tipo de seguranca é se libertar de qualquer tentativa de invasores e manter a privacidade dos dados, através de medidas protetivas como criptografia de dados.

4. **Problemas de segurança:** falta de identificar pontos fortes e fracos, de adaptação para reconfigurar quando atacados, variedade de proteção. As permissões são feitas a partir dos próprios usuários, porém isso ainda continua a ser um respaldo, sendo que outros indivíduos podem ter o mesmo acesso.

3.5.1
Cuidados com a segurança

A ideia de segurança é intervir na violação de dados de pessoas e empresas, mas nem toda segurança é completa e apresenta problemas em suas configurações, mesmo com tantos mecanismos, grandes empresas, nascidas no mundo digital, filhas da nova era, sofreram ataques de invasão.

A maior rede de buscas, o Google, sofreu uma invasão DNS (*malware* capaz de modificar as configurações de rede), sendo declarado pelo invasor que foi apenas uma diversão, que faz parte de um grupo de *hackers* de alto escalão chamados "LULZ". Esse grupo desconfigurou as ferramentas de modo a afetar o Google Maps e Translate por alguns minutos. O processo foi feito via *SQL Injection*, uma linguagem utilizada para troca de informações entre aplicativos e bancos de dados relacionais. Isso aconteceu por meio de falhas nas configurações do sistema, permitindo que o *SQL Injection* se aproveitasse dessa fraqueza.

Exercício resolvido

Google é um dos maiores *sites* de busca do mundo. Há quem diga que o *site* fornece ferramentas inteligentes, porém existem mecanismos essenciais para fortalecer essa estratégia ainda mais completa para facilitar a rotina pessoal e profissional. Sendo assim, assinale a alternativa que contém apenas ferramentas criadas pelo Google para uso de marketing digital.

a) Google Meu Negócio, Google Planilhas e Google Drive.
b) Gmail, que possui a versão com sua empresa, Google Grupos estimula os alunos a estudar em unidade.
c) Google Formulários, uma ferramenta de estudos de marketing e como atrair seus consumidores de forma natural.
d) Usado para pesquisar e visitar artigos cientificos de maneira mais profunda, chamado Google Acadêmico.

Gabarito: *a*

A alternativa está correta, pois o Google meu negócio promove a interação entre clientes, cria e edita planilhas para facilitar a visão do negócio e gerenciar a lista de clientes, além de disponibilizar o Google Drive, que armazena documentos e planilhas.

De acordo com Albertini e Moura (1998, p. 53),

> Considera-se que no momento deve-se construir, na comunidade internacional de criação de políticas sobre a propriedade intelectual, um tratado que proteja as bases de dados comercialmente significativos do surgimento de mercados, nos quais os piratas de dados poderiam minar a habilidade dos produtores de bases de dados de reajustar seus grandes investimentos para compilar e manter os dados. Dada a natureza global da Internet e outros elementos da infraestrutura de informação emergente, o argumento de alguns autores é que o melhor enfoque é adotar uma norma geral neste momento e redefinir os detalhes de sua aplicação no futuro.

Um grande risco na internet é também ignorado e muitas pessoas estão iludidas em achar que ninguém teria interesse nos dados armazenados em seu computador. É aí que muita gente se engana e não se importa de manter seguranças importantes.

Os criminosos não mantêm uma lista específica de computadores para atacar, eles simplesmente atacam sem saber a quem atingirão; é certo que muitas vezes sabem seus alvos, mas nem sempre é assim.

Uma falha de segurança no computador pode ser determinante para cair em um golpe, colocando em risco seus negócios, que geralmente estão armazenados nele. Além de perder dados, o titular do PC corre o risco de ser vítima de práticas maliciosas, como fraudes, ataques em outros aparelhos, sendo muitas vezes apontado como o criminoso.

Os ataques acontecem de forma virtual, mas os envolvidos são todos reais, as empresas, as vítimas, os atacantes.

Por isso, é crucial levar os mesmos cuidados que se tem no dia a dia para a vida na internet. As pessoas que se relacionam nas redes são concretas, o que fica no virtual são as ferramentas que se usa para esses novos delitos.

É desaconselhável visitar *sites* desconhecidos e entregar senhas pessoais. Além disso, é recomendável guardar sua privacidade e intimidade tanto quanto possível, além de sempre fechar as seções e desligar os dispositivos em que haja informações e dados pessoais.

Portanto, é necessário criar hábitos de segurança, tanto local, tecnológica como também em outros meios e evitar danos abusivos contra a realidade virtual.

3.5.2
Entendendo os meios de segurança

Profissionais da área de tecnologia têm buscado desenvolver métodos e ferramentas capazes de evitar tais ataques e aumentar a segurança dos usuários da internet.

Camadas de proteção é um conjunto de regras, especificando o manuseio das práticas de uso das ferrramentas, são fundamentais já que, atualmente, as falhas de segurança se apresentam pelo uso inadequado dos métodos virtuais. O aumento de empresas e o crescimento das demais deixa vulnerável os mecanismos de proteção. O acesso aos dados pode partir de redes wi-fi, dispositivos USB e *smartphones*.

Os funcionários e outras pessoas que têm acesso aos computadores podem também provocar a entrada de *malwares* e outros tipos de armadilhas virtuais, às vezes sem intenção, claro, ao fazer *downloads* e clicar em *sites* maliciosos, abrir *e-mails* de *spam* ou *phishing*.

Alguns tipos comuns de ataque são:

» *CRLF Injection*: insere uma sequência de CRLF no final de uma linha HTTP e propõe o manuseio das funções, como tirar páginas do ar e obter acesso ao navegador da vítima.

» *Cross-site scripting (XXS)*: pratica roubo de contas, controla o navegador. Ocorre pela falha na entrada do usuário a partir da resposta do servidor da aplicação na *web*, executando seu código dentro do *site* da empresa, fazendo as modificações para a ação. Por isso, é importante ter o controle de credenciais e evitar funcionários inexperientes. Um planejamento com os funcionários faz toda a diferença na hora de produzir as formas de segurança da empresa. Treinamento e lista dos responsáveis pelas credenciais é uma boa alternativa.

» *Backdoor*: funciona como Cavalo de Troia, permite abrir, modificar e excluir arquivos e enviar *e-mails* em quantidade suficiente para alcançar o máximo de vítimas.

» *Phishing*: engana os usuários se passando por uma empresa de fonte conhecida até conseguir as informações suficientes e invadir os sistemas. Mais propícios em *e-mails* falsos.

» *Spoofing*: diferente do *phishing*, que se passa por alguém, esse tem a intenção de roubar a identidade do usuário para agir como se fosse outra pessoa, sendo uma falsificação. Por exemplo, ele envia uma mensagem no *e-mail* com um *link* se passando por outra pessoa, quando o usuário clica, é levado a um *site* falso de uma empresa financeira, a vítima preenche todos os campos de dados, ocorrendo o roubo de informações.

» **Manipulação de URL**: realizada por *hackers* que usam servidores para abrir páginas as quais ele não têm autorização para abrir.

» **Ataque DMA** (*Direct Memory Access*): geralmente usado por *hackers*, pode ser executado para a entrada na memória RAM por meio de um periférico, mesmo sem um *software* específico.

» *Eavesdropping*: significa bisbilhotar, faz menção de suas funções para interceptar e armazenar arquivos para extorquir a vítima.

» *Decoy*: o criminoso cria um *site* legítimo para que os usuários realizem o *login* e assim entreguem seus dados para o atacante fazer o que quiser.

» *Shoulder surfing*: significa em português "espiar sobre os ombros", ato de olhar pela tela, tudo que a vítima acessa, inclusive dados secretos.

Exercício resolvido

Conforme estudamos, invasão de dados acontece diretamente do aparelho digital, por exemplo, um criminoso envia *e-mails* de *spam, malwares* entre outros tipos de vírus e ao ser aberto ou até mesmo um *click*, a vitima sofre a invasão. Já a invasão nas redes sociais é realizada com o interesse direto na vítima e é manipulada por um *hacker* que pode atribuir as ações da invasão conforme seus interesses. Ambas consistem nos mesmos propósitos e objetivos. Sendo assim, assinale a alternativa que apresenta as intenções envolvidas numa invasão.

a) Entrar em contas pessoais em função de comunicar que o usuário está sendo alvo de *hackers*.

b) Resgatar arquivos que foram perdidos em *sites* de buscas, com intenção de encontrá-los nos PCs das pessoas.

c) Levar vantagem sobre as vítimas, com atos de chantagem e extorção, ganhar dinheiro, fechar contas, usar perfis falsos para outros crimes, expor imagens indevidas e íntimas.

d) Manter uma relação de amizade, ensinando como se faz para invadir o perfil de famosos e gerar um relacionamento mais próximo com o mesmo.

Gabarito: c

A alternativa está correta, pois quando falamos de invasão, sabemos ao certo que é retrato de infração, quando alguém invade algo, viola completamente a lei, que defende a privacidade dos cidadãos, torna-se praticamente um inimigo de quem é invadido. O invasor quer sempre se aproveitar de algo convencional para si mesmo, seja dinheiro, fama, vingança.

As informações na rede para os invasores são como dinheiro no banco para assaltantes, então cabe a cada usuário ou empresa manter o máximo de sigilo sobre as confidências internas resguardadas nos dispositivos. Todas as estratégias, lista de clientes, parcerias, podem ser iscas de informações causando prejuízo financeiro ou danos na imagem mantida diante do mercado.

Síntese

- » De acordo com o Código Civil, em seu art. 21, a vida privada de qualquer cidadão deve ser preservada e mantida em proteção até o fim de seus dias. Cabendo à autoridade superior combater qualquer ação contrária.
- » Conforme a Constituição, em seu art. 5º, todos somos iguais em direitos e deveres, aplicando-se esse direito tanto a pessoas brasileiras como estrangeiras que residem no país, tendo mesmas garantias, direitos e deveres em relação a inviolabilidade do direito à vida, à liberdade, à igualdade, à segurança e à propriedade.
- » Segundo Monteiro Neto (2008), a legislação tem tentado suprir as carências do campo digital, amplo de informação, para proteger os usuários, com a

criação de amparos e meios de valorização de regime superior.

» Segundo Costa Júnior (1970), com o alastramento da tecnologia e o acesso às infinitas informações, as pessoas se viram estimuladas a compartilhar sua vida privada no mundo virtual.

» Atheniense (2004) atenta para a necessidade de aprimorar nossas leis de proteção de dados, inclusive com a regulamentação da atividade dos provedores que controlam a identificação do infrator, bem como o maior aparelhamento das delegacias especializadas.

» Para Castells (2005), a cultura faz o papel de acompanhar o mundo da tecnologia. Sendo assim, a cultura se molda a cada mudança, e os hábitos de vivência se transformam.

» Nassar e Figueiredo (1995, citados por Stazauskas, 2011) afirmam que o consumidor pode ajudar a empresa no seu sucesso, mas também tem autonomia para expressar suas queixas e frustrações. Por isso, é importante inovar e suprir ao máximo a clientela exigente ou, então, o consumidor pode ser o responsável pelo insucesso da empresa.

» Hunt (2010, citado por Stazauskas, 2011) reforça a ideia de que o melhor a fazer é se adaptar a essa realidade virtual. O mercado precisa entender que vai agradar e frustrar consumidores, mas deve sempre estar focado em melhorar a relação com esse agente, pois é o consumidor que promove o crescimento da empresa.

capítulo 4

Os novos meios de consumo

Conteúdos do capítulo

- » Relacionamento consumidor-marca no meio *on-line*.
- » Canais de comunicação *on-line*.
- » Comunidades de marca *on-line*.
- » Como criar e gerenciar comunidades *on-line* de marca.
- » Cocriação de valor *on-line*.

Após o estudo deste capítulo, você será capaz de:

1. listar as estratégias do mercado para atrair o publico-alvo;
2. relatar como surgiram as modificações no espaço comunicativo;
3. formar comunidades *on-line* empregando novas ferramentas virtuais;
4. conceituar cocriação de valor *on-line*;
5. chamar a atenção das pessoas para sua marca;
6. desenvolver atributos de identidade da marca empresarial.

No modelo atual de mercado, é pela internet que os consumidores podem visualizar os detalhes do produto, efetuar pagamentos, reclamar, promover, auxiliar na melhoria das empresas e muito mais, como trocar experiências e participar da produção dos produtos que a marca disponibiliza no mercado.

Assim, existem várias ferramentas que promovem as relações sociais no meio virtual, entre elas figura o marketing digital, que auxilia no processo de escolhas viabilizando com clareza os melhores eixos de consumo.

Toda ferramenta de marketing, digital ou não, tem o objetivo de colocar o consumidor no centro das preocupações da empresa, pois essa questão de apenas vender e gerar lucros acabou desde que a tecnologia de comunicação estreitou as relações entre as pessoas.

As redes sociais estão em condições mais específicas em relação ao contato direto com o público e nada melhor do que envolvê-la como métodos de atrair e satisfazer a clientela.

Dessa forma, a cocriação permite uma relação mais cúmplice entre consumidor e mercado, na qual a empresa compreende o papel fundamental do cliente para o sucesso do negócio. É só a partir de sugestões que os processos e produtos tendem a evoluir e uma boa dica é receber as propostas daqueles que consomem os produtos.

4.1
Consumidor-marca no meio *on-line*

É fácil compreender que, com o passar do tempo, coisas, pessoas, comportamentos, paisagens, hábitos e ações se modificam naturalmente. É impossível articular o passar dos dias com as mesmas intenções e atitudes, ainda mais com a chegada ousada da nova era.

Os consumidores buscam referências em marcas e atribuir bons valores aos negócios faz a identidade de tal marca se consolidar no mercado.

O que é

Marca ou *brand* (o termo em inglês) é a identificação de algo, promovendo referência a órgãos como empresas, produtos e serviços, podendo ser seguida de ilustração gráfica ou não.

A marca pode ser caracterizada como:

» **Logotipo**: sua especifidade está na fonte gráfica, tendo tipografia específica.

» **Logomarca**: é a união de grafia e símblolo que forma um conjunto visual da marca.

» *Branding*: são planos estratégicos com vistas à popularidade e à admiração de seu público, apresenta seus valores em busca de se manter ativa no mercado.

Exemplos práticos

Exemplo 1

Os logotipos das grandes empresas são bem estudados e desenvolvidos para chamar o máximo de atenção do público. O logotipo da Walt Disney Company, aquele castelo de conto de fadas que aparece no início de todos os filmes e desenhos produzidos por ela, foi inspirado no Castelo do Rei Luís II da Baviera, de Neuschwanstein, perto da cidade alemã de Füssen. O mais interessante é que não é uma estrela que voa no momento da popular vinheta, mas a fada sininho, do Peter Pan.

Figura 4.1 – Castelo da Disney

David Brabiner/Alamy/Fotoarena

Exemplo 2
Ao chegar a uma loja, o cliente tende a se sentir mais à vontade quando o vendedor o trata com receptividade. Caso contrário, o cliente vai sair do estabelecimento e buscar outro lugar que o receba melhor. De fato, o consumidor antes de tudo valoriza uma marca ou empresa de acordo com o que dela recebe.

Vaz (2012, p. 243) cita que "exige um profissional que saiba colocar o consumidor no centro da ação, no coração da corporação, e que aprenda com ele qual o caminho a tomar".

O marketing digital é uma ferramenta virtual que foi criada para explorar as boas condições que existem para ter um relacionamento fidelizado entre marca e consumidor. O mercado econômico passou a ter mais métodos de se relacionar com as pessoas em busca de alcançar mais clientes.

Com a centralização no cliente, as empresas e marcas comerciais abriram espaços para novas programações de ouvir e servir, preferencialmente todos aqueles que estariam dispostos a fazer parte de sua rede de lucros.

Portanto, sobre o marketing de relacionamento, Kotler e Keller (2006, citados por Lemes; Ghisleni, 2013, p. 7) citam que:

> *O marketing de relacionamento tem como meta construir relacionamentos de longo prazo mutuamente satisfatórios com partes chave – clientes, fornecedores, distribuidores e outros parceiros de marketing – a fim de conquistar ou manter negócios com eles. Ele constrói ligações econômicas, técnicas e sócias entre as partes. Na internet as mídias sociais resgatam o modelo comportamental básico do ser humano baseado na alteridade, de um ser social que sempre viveu coletivamente. Isso explica o grande sucesso das mídias sociais, que juntamente a tecnologia que possibilita diversas experiências em acesso e produção de conteúdo por meio de imagens, sons e escrita.*

Não é diferente com a rede de comunicação moderna, pois ela possui seus interesses e não é de graça que é disponibilizada ao público. No entanto, seu criador deve ter motivos suficientes para cumprir seus interesses, quando a criou de modo simples em relação à inovação que se encontra atualmente.

Conforme explica a DW Brasil (2020), a intenção de Tim Berners-Lee, cientista do Cern (Organização Europeia para a Pesquisa Nuclear), foi permitir o envio de documentos criptografados via internet. A rede obteve muitos acertos e um deles foi permitir que seu espaço fosse palco de ideias, opiniões, informações de níveis relevantes para a humanidade.

De fato, é um ambiente repleto de oportunidades para quem quer aproveitar as funções de buscas, aplicativos de controle e ensino diversos, além das redes de relacionamentos.

4.1.1
A produção do marketing digital

A ferramenta de relacionamento entre consumidor e mercado tem o propósito de atrair o público e firmar uma parceria completa de confiança e suportes, ainda que isso lhe custe algumas perdas. Tais perdas não chegam a ser profundas diante de tamanhos lucros. Um pouco de agrado vai gerar naturalmente mais credibilidade e segurança.

Assim, para Telles (2011, citado por Lemes; Ghisleni, 2013, p. 10), "prestar atenção nas opiniões das comunidades e comentários em redes sociais, *blogs* e *microblogging* visando satisfazer as necessidades e interagir com os usuários são a base do marketing de relacionamento nas mídias sociais".

Perguntas & respostas

A empresa disponibiliza condições de testar seus clientes como propor sugestões, demonstrações, articula promoções entre sua lista de clientes e amplia esse progresso para o alcance de outro público além do seu. Que tipo de gestão a empresa segue ao realizar tais ações?

É também função do marketing sugerir artes que contemplem as visões de atrair e chamar para si uma demanda bem-intencionada, nada de uniformidade ou ficar parado vendo o ramo comercial se estender. Uma empresa que dispõe de uma equipe de marketing qualificada está sempre atenta para expor seu diferencial como a chave do seu crescimento.

Conforme Mousinho (2020), as alternativas são inúmeras, sendo as melhores técnicas que o mercado consumidor digital usa para deixar fluir as empresas as listadas a seguir:

- » **Imagem**: primeiramente ser bem-apresentável na internet é um modo de atrair consumidores para a página inicial, daí em diante permanecerão através de outros pontos.
- » **Sites de buscas**: o ambiente a ser explorado é a internet e a busca deve se encontrar no ambiente favorável, ou seja, em conformidade com o estabelecimento comercial. Jamais se coloca uma farmácia no TikTok.
- » **Tráfego**: uma alternativa é investir na forma como o *site* da empresa recebe visitas; para isso, é necessário um investimento financeiro, porém nem toda empresa ou empresário individual tem condições de cumprir essa estratégia.
- » **Tráfego orgânico**: é a criação de *blogs*, canais do YouTube, perfil empresarial; esse tráfego não recebe investimentos, o negócio a ser desenvolvido é o jogo de cintura que a empresa ou o empresário deve ter ao apresentar o que seu mercado disponibiliza, argumentação atrativa, autodomínio e segurança para se relacionar com os usuários que podem visitar o meio digital da determinada empresa.
- » **Envio de *newsletter***: significa boletim de notícias. Essa ferramenta está disponível no envio de *e-mails* com as ofertas e promoções da empresa, também expressa para auxiliar nas compras *on-line*.
- » **Redes sociais**: é onde se encontra a maior parte dos clientes; portanto, o mercado se apoia nessa chave que pode ser o maior canal de aproveitamento e liberdade comunicativa. Como já afirmamos, cada rede social tem seu público-alvo.

- » *Landing page*: significa página de destino. Nelas, os usuários se deparam com páginas de anúncios, nos quais, ao se clicar no X, o *banner* desaparece, porém ao se clicar em cima da imagem, a nova página se abre. Para a empresa, a vantagem é filtrar as pessoas que se interessam pelo conteúdo e especificar o público, criando uma lista de relacionamentos.
- » *Inbound marketing*: a empresa deve criar métodos personalizados e criativos de acordo com seu público-alvo para manter firmes sua clientela fiel.
- » **YouTube**: necessariamente é um ambiente em que a empresa pode alavancar no mercado ao publicar vídeos que voluntariamente supram as necessidades do público e os auxiliem na vida, sempre buscando a boa imagem aparente, pois isso conta muito na hora de escolher quem seguir.
- » *Search Engine Optimization* (**SEO**): significa otimização para mecanismos de busca. Quando pesquisamos algo no Google, é natural escolhermos a primeira página para abrir, por mais que não se encontre o que buscamos nela. A página do topo tende a ser a primeira a ser visitada e se lá estiver o que estamos procurando, nem mesmo visitaremos outras. Especificamente é assim que se trabalha, em busca das primeiras filas para receber a melhor visibilidade e o maior acesso. A ideia é oferecer modelos convenientes para alcançar uma boa localização.

Sobre as ferramentas, Torres (2009, citado por Lemes; Ghisleni, 2013, p. 8) comenta que:

> *elas simplesmente atendem ao desejo mais básico das pessoas e, ao mesmo tempo as colocam no centro dos acontecimentos de sua tribo ou comunidade. Assim também ocorre*

o sucesso do marketing digital que tem como suporte as mídias sociais, que se multiplicam em variadas formas de mídias colaborativas.

Exercício resolvido

O marketing contempla inúmeros mecanismos para chamar a atenção do público e firmar a popularidade da empresa no mercado. Sempre modificando e gerando novas formas de se relacionar com o consumidor, sua principal característica parte do conceito de interagir com a demanda consumista e manter laços de amizade. Conforme o marketing digital estabelece, assinale a alternativa que contém apenas duas técnicas engajadas no meio virtual para a apresentação de uma empresa.

- a) Facebook, Twiter e Instagram são as redes sociais mais viáveis para a empresa, sendo que seu uso está ao alcance de milhares de pessoas.
- b) YouTube necessariamente é um ambiente em que a empresa pode alavancar no mercado ao publicar vídeos que voluntariamente supram as necessidades do público e os auxiliem na vida, além de propagar a empresa. A partir do número de visualizações, seus direitos autorais são ressarcidos com um valor considerável em dinheiro.
- c) *Search Engine Optimization* (SEO) significa otimização para mecanismos de busca. Remete uma quantia para o *site* de busca e seu conteúdo fica à disposição logo nos primeiros tópicos de busca relacionado ao seu tema e YouTube necessariamente é um ambiente em que a empresa pode alavancar no mercado ao publicar vídeos que voluntariamente supram as necessidades do público e os auxiliem na vida, além de

propagar a empresa. A partir do número de visualizações seus direitos autorais são ressarcidos com um valor considerável em dinheiro.

d) *Malweres* são vírus que, ao entrarem no seu dispositivo, realizam busca de arquivos e invadem seus dados pessoais em busca de senhas e documentos íntimos com a intenção de extorquir vítimas.

Gabarito: *c*

A resposta está correta, pois apresenta duas ferramentas de grande valia para uma empresa que deseja assumir seu negócio em ampla esfera.

4.2
Canais de comunicação *on-line*

Os canais de comunicação são todos os meios pelos quais as pessoas e as empresas interagem com a comunidade a fim de divulgar notícias, informações, atualidades, curiosidades e experiências que envolvem o mundo político, de entretenimento, de educação, de saúde entre outros. Antigamente, as informações eram mais restritas, não porque eram poucos os meios de comunicação nem pela falta de acesso por parte da maioria das pessoas. Atualmente, as notícias estão ao nosso alcance; com os aparelhos digitais, as pessoas tendem a ter o acesso mais rápido, fácil e amplo. Hoje, cada um quer manter seu ambiente na *web*, seu espaço de comunicação, sua rede de relacionamentos, seus *sites* de pesquisas, tudo individual, até porque não dá para várias pessoas obterem a visualização de um pequeno celular. No entanto, os compartilhamentos permitem que uma diversidade de usuários acesse os conteúdos ao mesmo tempo.

4.2.1
Canais de comunicação: o que permanece e o que se modifica

Com a chegada dos meios de comunicação *on-line*, alguns ramos de informação sofreram um impacto de profunda transformação.

Canal de Comunicação *On-line* refere-se às formas que uma pessoa ou uma empresa utiliza para atrair e se relacionar com clientes, além de ser uma ferramenta crucial na hora de se aproximar e aperfeiçoar a vivência entre consumidor e mercado.

As livrarias aproveitaram para se reinventar e acompanhar essa mudança. As redes de televisão implantaram filiais no mundo virtual e as rádios ainda resistem com a tradição, mas implantam algo *on-line* em sua forma de transmissão, como disposição de *sites* e aplicativos.

Além de seguir com as novas formas de comunicação, um dos maiores impactos é saber que as pessoas estão atentas e agora entendem como eram manipuladas pela mídia. Isso causa perdas para os canais televisivos e a credibilidade de muitos caiu com a revolta da população.

O importante é saber que a informação, auxiliando no processo de vida saudável, flexibilidade no ensino, alavancando o mercado consumidor com vendas, publicidade e marketing.

Perguntas & respostas

Os cidadãos do mundo estão expostos a diferentes propagandas ao ligar o rádio e a TV, ou ao abrir os *sites* de buscas nos aparelhos digitais, ao visualizar cartazes em muradas de lojas, até mesmo *outdoors* à beira das estradas. Por que isso se tornou cultura na vida das pessoas?

De acordo com Sant'Anna, Rocha Junior e Garcia (2009), não se pode mais pensar em propaganda como um fenômeno isolado. Ela faz parte do panorama geral de comunicação e está em constante envolvimento com fenômenos paralelos, onde colhe subsídios, além da grande necessidade que as empresas têm de divulgar seus produtos e serviços com a imensa esfera competitiva.

Considerando a praticidade de alguns canais de comunicação *on-line* úteis para empresas, elaboramos o seguinte rol:

» **Telefone**: ainda prevalece com a inovação e agora com novos serviços de voz. Para resolução de alguns problemas, é mais prático o acesso por voz.
» **Rede social**: como se sabe, a maior parte dos consumidores se encontra nas redes sociais, então uma ótima opção de atendimento é disponibilizar os serviços da empresa via Facebook, Instagram, LinkedIn, Twitter e, assim, manter a publicidade em alta.
» **Chat *on-line***: fácil de encontrar nas páginas virtuais de empresas, destaca-se por ter rapidez no atendimento e conversação automática; permite que o robô traduza a linguagem das pessoas resolvendo as pendências com precisão e agilidade.
» *E-mail*: as empresas enviam as novidades e mantêm um relacionamento estreito com os clientes, aumentando a confiança, por deixar arquivadas todas as propostas.
» *Blog*: atrai leitores e quanto maior número de visitas melhor em crescimento de *leads*, que promove as informações dos visitantes.
» *Webinar*: canal de transmissão ao vivo, servindo para proporcionar autoridade e gerar segurança ao público.
» *E-mail* **de marketing**: canal de divulgação, tem acesso automático através do gerenciador de *e-mail* e se direciona conforme a especificidade de cada usuário de sua marca.

» **Rádio e TV:** essas mídias tradicionais permanecem fortes no mercado e tentam sempre surpreender com a influência de sua publicidade; ainda são alvos de grandes empresas para divulgação de suas marcas.

» **Site de reclamação:** as críticas servem para melhorar a vida de muita gente e das empresas também. Áreas como Ouvidoria, ReclameAqui, Consumidor. gov., FAQ se dispõem a receber reclamações, denúncias e esclarecer dúvidas, sempre com vistas ao bem-estar do cliente.

Exercício resolvido

Os canais de comunicação são todos os meios pelos quais as pessoas e as empresas interagem com a comunidade a fim de divulgar notícias, informações, atualidades, curiosidades e experiências que envolvem o mundo político, de entretenimento, de educação, de saúde entre outros. Esses canais são meios que o marketing utiliza para manter as boas relações com os consumidores para desenvolver diversos assuntos. Assinale a alternativa que corresponde ao canal de comunicação que tem a função de esclarecer dúvidas relacionadas à empresa para usar como meio de crescimento no seu mercado.

a) TV, pois apresenta aos telespectadores programas e em seus intervalos divulgam marcas patrocinadoras do canal.

b) Os programas de rádio, que logo cedo anunciam as notícias da cidade e também a equipe plantonista do hospital da região local.

c) As revistas cumprem o papel de proporcionar informações sobre determinado assunto.

d) FAQ, parte das páginas virtuais que serve para a interação com o cliente/consumidor, especialmente para sanar dúvidas.

Gabarito: *d*

A alternativa está correta, pois o FAQ é um site específico para informações recorrentemente solicitadas pelos consumidores.

4.3
O que são comunidades *on-line* de marca?

As comunidades *on-line* são grupos formados no meio virtual com a intenção de compartilhar interesses e fatos em comum. Assim, para Wellman (2005, citado por Almeida et al., 2011, p. 369), as

> Comunidades são como "redes de laços interpessoais que proveem sociabilidade, suporte, informação, senso de pertença e identidade social", destacando que as comunidades estão sendo definidas em termos sociais e não espaciais.

As comunidades têm se ampliado de acordo com o crescimento das buscas por informação. Confirmando isso, Bagozzi e Dholakia (2002, citados por Almeida et al., 2011, p. 369) afirmam que as comunidades são como "espaços sociais, mediados no ambiente digital que permitem que grupos se formem e se sustentem primeiramente por meio de processos contínuos de comunicação".

Para Porter e Donthu (2005, citados por Almeida et al., 2011, p. 369), *comunidade virtual* se caracteriza a partir de "uma agregação de indivíduos ou parceiros de negócios que interagem em torno de um interesse comum, onde a interação é pelo menos parcialmente apoiada e/ou mediada pela tecnologia e guiada por alguns protocolos e normas".

Especificamente, comunidade *on-line* de marca se refere a grupos com os mesmos interesses e apreços por uma marca ou empresa. Alcança a demanda de consumidores que em unidade trocam experiências e relatam vantagens.

Para Muñiz e O'Guinn (2001, citados por Almeida et al., 2011, p. 370), uma *comunidade virtual de marca* é "uma comunidade de ligação especializada e não definida geograficamente, baseada em um conjunto estruturado de relações sociais entre os admiradores de uma marca".

Portanto, comunidades de marca são fundamentais para a ampliação da empresa, já que visam formar unidade entre seus consumidores, o que gera uma rede ampla de valorização e apoio.

Exemplificando, um comércio surge em determinada cidade e existe o interesse de fisgar novos clientes, o propósito está em promover o negócio e se apresentar em outras regiões. E a comunidade de marca pode contribuir para isso, tornando-se uma ferramenta estratégica para ampliar a rede no mercado *on-line*, servindo de suporte econômico.

Assim, o grupo que faz parte da rede de tal comércio atrairá espontaneamente novos integrantes para o reconhecimento da marca.

Exemplo prático

A rede de cosméticos Avon lança entre suas vendedoras uma promoção em cada campanha, na qual quem consegue angariar novas vendedoras é premiada com pontos para trocar em brindes. A ideia é expandir a linha de cosméticos por todo o Brasil e pelo mundo. É exatamente esse objetivo que as comunidades *on-line* focam, o crescimento da empresa.

4.3.1
As funcionalidades da comunidade de marca

A empresa que tem comunidades de marca busca também valorizar os clientes, bonificando-os quando trabalham a favor da marca ou empresa.

Cada um ganha de acordo com seu desempenho e os métodos estão todos na rede comercial. Brindes, promoções são geralmente as recompensas que as empresas disponibilizam para seus clientes. Os métodos de valorização seguem de acordo com o planejamento de cada empresa.

Sendo assim, são marcos desenvolvidos pelas comunidades *on-line*:

» valorização dos componentes da comunidade;
» fortalecimento do nome da marca comercial;
» geração de lucro entre seus clientes;
» produção de uma marca valorizada e reconhecida;
» influência no meio virtual;
» maior interação social;
» troca de informações;
» relação próxima entre o consumidor, aumentando a satisfação de ambas as partes.

Achrol e Kotler (1999, citados por Almeida et al., 2011, p. 370) enfatizam que uma comunidade de consumidores ou de marca é "um corpo de consumidores que estão envolvidos com a empresa em uma relação social".

Afinal, as pessoas que fazem parte de uma comunidade de marca apresentam no mínimo identificação de buscas parecidas; há grande probabilidade de a marca que esses integrantes seguem suprí-los no mesmo ponto: na qualidade do produto, na melhor promoção, no melhor relacionamento, na confiança, na credibilidade etc.

Conforme Crosthwaite (2005, citado por Lemes; Ghisleni, 2013, p. 6):

> *Um aspecto vital de se impulsionar a preferência por uma marca é o padrão complexo de crenças dos consumidores. Como não existem dois indivíduos iguais, também as im-*

pressões sobre a marca mudam de pessoa para pessoa. As proposições da marca que se expressam criativamente pelos meios de propaganda são uma maneira muito poderosa de moldar essas impressões, bem como as crenças do consumidor, por meio da experiência compartilhada de uma empresa ou marca.

Portanto, McWillian (2000, citado por Almeida et al., 2011, p. 370) explica que "uma das vantagens das comunidades de marca, para os consumidores, é que eles reconhecem nos outros pessoas como e

Exemplo prático

A equipe do Pão de Açúcar realizou em fevereiro de 2019 encontros semanais com o público, para realizar um projeto de melhoria no momento de comprar. A ideia era analisar os desejos dos clientes ao entrar nas lojas, identificando o que eles mais procuram no ambiente. Assim, foi feita a separação de temas específicos como serviços e novidades, itens comunicativos, minicafés, chás, para estreitar a lista e facilitar no processo de diagnóstico. Resolveu-se então fazer uma separação de três grupos diferenciados pela geração.

» Geração dos *baby boomers* (pós-Segunda Guerra até 1964)
» Geração X (de 1965 e 1979)
» Geração Y (de 1980 até 1994)

A equipe teve a ideia de permitir que o consumidor fizesse seu suco em uma máquina específica, para o cliente ter a certeza de que o suco é produzido na hora. Assim, foi colocada uma máquina de autosserviço na área de frutas, legumes e verduras que permitia que o indivíduo produzisse e levasse o suco para casa. Com isso, os clientes passaram a valorizar o trabalho do Pão de Açúcar e a garantir segurança na empresa.

Podemos relacionar o exemplo à afirmação de Torres (2009, citado por Lemes; Ghisleni, 2013, p. 7): "as redes sociais são criadas pelo relacionamento contínuo e duradouro das pessoas e das comunidades que participam e têm um valor intrínseco, pois criam uma enorme rede de propagação de informações".

Exercício resolvido

Assinale a alternativa que conceitua comunidades *on-line* de marca e sua função na internet.

- a. São *sites* de relacionamentos que possibilitam aos usuários dialogar com pessoas de diversos lugares do mundo.
- b. São redes de dados, que fornecem informações precisas sobre pessoas apontadas como *hackers*.
- c. É uma ferramenta que as empresas apresentam para ampliar sua rede de consumidores e fazer a ampliação do nome da marca comercial, abarcando os lugares que as pessoas ainda desconhecem. Tal ferramenta permite promover aqueles que buscam crescer juntamente com o negócio e dividem os mesmos interesses com seus representantes.
- d. São *blogs* que atraem leitores. E quanto maior é número de visitas, mais expressivo é o crescimento de *leads*, que promove as informações dos visitantes.

Gabarito: *c*

A resposta está correta, pois comunidade de marca on-line serve para ampliar a rede da marca através de uma comunidade, reunindo consumidores que a integram e têm a mesma visão da empresa, compartilhando interesses e valores.

4.4 Como criar e gerenciar consumidores *on-line* de marca?

Para manter uma empresa no mercado, é preciso estreitar laços com o público de modo a torná-la uma referência não só na vida de seus clientes, mas de todos que a conhecem apenas de ver e ouvir falar. Tal ação é chamada de *branding*.

Martins (2006, p. 6) conceitua *branding* como

> Conjunto de ações ligadas à administração das marcas. São ações que, tomadas com conhecimento e competência, levam as marcas além da sua natureza econômica, passando a fazer parte da cultura, e influenciar a vida das pessoas. Ações com a capacidade de simplificar e enriquecer nossas vidas num mundo cada vez mais confuso e complexo.

Para fazer a história de uma empresa, é muito importante contar com uma equipe que desenvolva métodos de gerenciamento que tenham o potencial de fascinar as pessoas e o mercado consumidor no geral, tudo sem ferir o público.

Tendo esclarecido o que são comunidades *on-line*, devemos esclarecer que a empresa precisa definir um objetivo para fisgar seu público, pois é através das ações baseadas no objetivo, que é possível identificar a persona da empresa, ou seja, as buscas mais desejadas do consumidor.

Ainda, é essencial abrir espaço para as críticas, reclamações e enaltecimento dos clientes chegando aos *feedbacks*, buscar o espaço com maior acesso e transição de visitas e manter a visibilidade.

4.4.1 Consumidores *on-line*

No mercado inovador e competitivo a busca é por estratégias de conquistas; a ideia não é criar consumidores, afinal eles já estão no mundo e suas necessidades de consumo são uma realidade inconteste.

Então, para uma empresa garantir seu público consumidor deve atentar para certas técnicas:

» **Objetivo:** expor o objetivo de conquistar clientes vai fazer a diferença na empresa, mas esse objetivo deve estar alinhado às vantagens e aos benefícios que o negócio oferece para os indivíduos.

Exemplo prático

A empresa Racco Cosméticos tem como *slogan* é "Você mais feliz hoje!", algo que chama atenção e desperta curiosidade do público. Ao inquietar as pessoas, a intenção é estimulá-las a buscar respostas e procurar quem realmente pode responder, que nesse caso é a empresa.

Sendo assim, Wheeler (2008, p. 44) declara que:

> *A estratégia de marca é construída a partir de uma visão, está alinhada com a estratégia de marketing, emerge dos valores e da cultura de uma empresa e reflete uma profunda compreensão das necessidades e percepções do consumidor. A estratégia de marca define o posicionamento, a vantagem sobre a concorrência e uma proposição de valor que é única.*

» **Promessa:** esse ponto permite as pessoas conhecerem aquilo que tem potencial de beneficiá-las.
» **Atributos:** não é apenas uma vantagem, são várias; então, declarar todas as atribuições da marca resolve boa parte da tarefa de conquistar.
» **Posicionamento:** saber a questão geral da empresa e cumprir seus ideais com precisão. A internet veio para facilitar e agilizar as comunicações.

Para Aaker (1998, p. 10), "a marca é identificada pelo nome e, frequentemente, por um símbolo e também por um slogan". Keller (2006) concorda quanto aos elementos: nome, logo, símbolo e *slogan* e acrescenta, *jingle* e embalagem.

» **Identidade:** no *on-line* funciona como o meio real, a identidade forma as pessoas e diversifica as culturas. Como conferir à marca da empresa uma identidade? Simples, uma cor, uma fonte, um desenho bem-estudado pode trazer muito sucesso para a empresa. Hoje em dia muitas marcas são reconhecidas com apenas um ícone. É o exemplo da Apple, que é simbolizada apenas por uma maçã mordida. Igualmente, a Coca-Cola é identificada apenas pelo formato de sua clássica garrafa. Também é ilustrativo o jacaré da marca Lacoste, pois quando alguém visualiza a figura do animal em alguma confecção ou boné, já identifica a marca.

Aaker e Joachimsthaler (2007, p. 49) ressaltam a importância da identidade para o sucesso, afirmando que "uma marca forte deve ter uma identidade de marca clara e valiosa".

4.5
Cocriação de valor *on-line*

Geralmente, o criador de algo tem autonomia e poder sobre sua criação, usa sua criatividade para fazer, refazer, modificar e alterar.

Entretanto, há processos em que a pessoa que usufrui de determinada criação pode colaborar para o aprimoramento desta ao verificar a necessidade de se fazer ajustes e melhorias.

4.5.1
A importância da cocriação de valor

A cocriação tem sido uma prática no mercado consumidor, desde os o início dos avanços tecnológicos. Graças à expansão comunicativa, os consumidores passaram a estar mais bem-informados, o que os tronou mais exigentes. Com isso, o mercado precisou acrescentar continuamente vantagens em seus mecanismos de vendas, agrados e promoções.

Isso também deve ser feito porque a tecnologia comunicativa alcança milhares de pessoas e as empresas agora conseguem alcançar mais clientes.

Como vimos, a cocriação é o resultado do relacionamento entre o o criador, o produto da criação e o agente que usufrui desse objeto criado. Trata-se de um processo que promove a melhoria das coisas, sejam elas físicas, naturais, individuais, coletivas, aplicadas no mercado. Nosso enfoque será justamente no ambiente mercadológico.

As empresas hoje têm a oportunidade de envolver seu público de consumidores nas suas experiências, parar e ouvir as críticas e essas serem reformuladas em ideias para melhorar seus produtos.

Quando falamos de produtos, estamos nos referindo a qualquer tipo de artigo (livros, *e-books*, palestras, seminários, aparelhos eletrônicos e eletrodomésticos, alimentos, cosméticos etc.).

Assim, convém explicarmos como funciona a cocriação em uma empresa.

Exemplo prático

Uma fabricante de *smartphones* disponibiliza no mercado um aparelho com câmera de alta qualidade de imagem, tela *touchscreen* e sensor de identificação biométrica. Depois de um ano, a equipe de marketing decide convidar alguns clientes a participar de uma pesquisa de satisfação. Ao analisar as informações prestadas por um grupo de 300 clientes, a equipe percebe que, apesar de estarem satisfeitos com o aparelho, os consumidores apresentaram as seguintes propostas: maior memória interna, mais qualidade e resistência em sua estrutura física com dimensões menores, mais opções de aplicativos para serem usados *off-line*. A empresa tomou a decisão de, diante de tais sugestões, desenvolver um novo aparelho para a próxima coleção, aplicando todas as propostas dos consumidores da pesquisa para suprir as necessidades do público.

Assim, entende-se que cocriação tem como base a relação entre consumidor e mercado. Mas não é apenas uma relação, a questão está em compreender as necessidades que o cliente apresenta, as quais, para serem supridas, demandam a ação das empresas.

Uma forma de dar ao cliente credibilidade e fazê-lo se sentir útil trabalhando na sua centralização é integrar o consumidor como fonte de diagnósticos. Assim, o consumidor vai contribuir exercendo as buscas por melhorias, atuar na empresa com o propósito de somar. Mas como?

Rust, Zeithmal e Lemon (2001, p. 16) fazem a seguinte interpretação dessa perspectiva:

> *O valor a longo prazo da empresa é fortemente determinado pelo valor do relacionamento da empresa com seus clientes, o que chamaremos de valor do cliente (customer equity). [...] O valor do cliente de uma empresa é o total dos valores de consumo do cliente ao longo de sua vida de consumo, naquela empresa. Em outras palavras, devemos perceber esse valor não só em termos da atual lucratividade que este cliente nos proporciona, mas também com relação ao fluxo líquido descontado de contribuição que a empresa irá receber dele ao longo do tempo de toda a sua vida útil de consumo. Essa soma dá o valor total dos clientes da empresa, que chamamos de valor do cliente.*

Exemplo prático

Uma empresa de cosméticos tem uma linha de produtos de cabelos, mas não disponibiliza itens específicos para cabelos crespos. Os consumidores passam a ficar inquietos e pensam em como fazer para a empresa inovar nessa área. A empresa não pede auxílio nem sugestões aos clientes, mas em seu espaço virtual mantém a janela de *chat on-line* e ouvidoria. Valendo-se desse canal, uma de suas clientes resolve se comunicar com um dos atendentes do *chat* e logo expõe a sugestão de a empresa desenvolver produtos específicos para cabelos crespos. A proposta chega até a equipe, a qual imediatamente compartilha que a instituição ouviu o pedido do público e vai lançar a linha de cosméticos para cabelos crespos. Com a notícia, as clientes ficam felizes e a empresa ganha pontos no mercado.

Ramaswamy(2014, citado por Donato, 2017, p. 53) afirma que:

> *A interação permite facilitar a atuação dos atores para que os mesmos sejam 'participantes ativos, colaboradores no processo de criação de valor e cocriadores de soluções com uma ampla gama de empresas privadas, públicas e sociais'.*

Cocriação se trata de uma ferramenta que as empresas utilizam para ouvir as pessoas e suas necessidades relacionadas a seus produtos, se dispondo a suprir as necessidades dos consumidores, trabalhando sempre em busca do novo. Inovação faz parte da cocriação.

Na esteira dessa conceituação, Camargo (2019) considera que cocriação:

> *é uma estratégia que traz agentes externos para dentro dos processos de uma determinada empresa com o objetivo de fomentar a inovação. Essa iniciativa possibilita a diferenciação da marca no mercado assim como a aproximação dessa empresa com os seus respectivos clientes.*

Para Silva et al. (2014, p. 70), uma das estratégias para implementar a cocriação é "o desenvolvimento da tecnologia da informação, dos meios de comunicação e da internet, os clientes hoje influenciam qualquer negócio".

Na verdade, o cliente/consumidor está sempre a influenciar direta ou indiretamente uma marca ou empresa. E isso acontece quando ele comenta sobre a qualidade ou sobre o preço, por exemplo; logo, os consumidores fazem parte do processo de impulsionar o mercado.

4.5.2
Que valor é esse?

Rokeach (1973, citado por Silva, 2017, p. 270) afirma que:

> *Dizer que uma pessoa tem um valor é dizer que ela tem uma crença prescritiva ou provável que um específico modo de comportamento ou estado-final da existência é preferido a um modo oposto de comportamento ou estado-final. Essa crença transcende a atitude em relação a objetos ou em direção a situações; ela é um padrão que guia e determina ação, atitudes em relação a objetos ou situações, ideologia, apresentação de si mesmo aos outros, avaliações, julgamentos, justificações, comparações de si mesmo com os outros e tentativa de influenciar os outros.*

Perguntas & respostas

Quando se trata de valores, já imaginamos uma quantia em dinheiro, uma negociação, mas o valor a que a cocriação se refere não consiste em pagamentos proporcionais a um produto. Como deve ser mantida a negociação de cocriar?

A cocriação é um processo que se efetiva quando o consumidor se sente envolvido pela empresa, a qual que se abre para clientes darem sugestões e colaborarem com ideias que promovam melhorias em seus produtos. Isso melhora a imagem da empresa perante o público e o mercado.

Sobre inovação, Möller et al. (2007, citados por Donato, 2017, p. 76) assinalam que:

> A inovação que é aplicada pela colaboração do cliente e da organização, estabelece o mais bem-sucedido modelo de negócio, uma vez que tanto o cliente como a organização [...] entenderiam a lógica de criação de valor um do outro, assim como as metas e atividades que tornam ambos os lados mais competitivos.

Então, sai de cena a ideia de que o valor de cocriação é o preço que as pessoas vão atribuir ao produto, até porque é muito melhor ingressar na empresa como consumidor auxiliar.

> Os clientes podem considerar valor em diferentes tempos, tal como quando fazem uma decisão de compra ou quando têm experiência com o desempenho do produto durante ou após o uso. Cada um desses contextos centra-se em uma diferente tarefa de julgamento do cliente. (Woodruff, 1997, p. 141, tradução nossa)

O valor é aplicado conforme a relação dos benefícios que a empresa proporciona, notados pelo público, que envolve categoria ou qualidade, trabalho e preço.

A prática de produzir valor em grupo facilita a cocriação que se relaciona com o valor percebido pelas pessoas. Portanto, o foco está na definição de valor. Como reconhece Aristóteles, já no século IV a.C., o conceito se subdivide em: 1) valor do uso e 2) valor da troca. O objetivo na época com tais expressões era diferenciar coisas e seus atributos como qualidade, quantidade e relações (Silva et al., 2014).

Desse modo, as empresas tendem a crescer com essa nova ferramenta de inovação e relação mais próxima. Existem algumas estratégias para tornar o cliente um aliado para a criação de valor, estando apta a se comunicar constantemente com os consumidores, mediante:

- » reuniões presenciais;
- » *websites*;
- » comércio com ambiente de encontros;
- » espaços de comunidades privados ou públicos.

Aplicando tais estratégias, a empresa pode aumentar sua rede de negócios, ficar aberta a novas ideias, apoiar a autonomia e o empreender, apurar as melhores ofertas. Para Rokeach (1973, citado por Silva, 2017, p. 20), "os valores são representações cognitivas e transformações de suas necessidades humanas".

O consumidor vai destinar um valor aos produtos comerciais conforme suas experiências. Já a empresa cuida de fornecer os meios que promovem essa relação mais próxima e leal, pois essa união trata de estabelecer essa inovação no mercado de consumo e melhorar ainda mais o marketing digital.

Síntese

- » Castells (citado por Vaz, 2012) compara a internet com a eletricidade na era industrial, pelo fato de causar um fluxo de distribuição de força, em que a eletricidade libera energia e a internet amplia a informação por toda a humanidade.
- » Vaz (2012) defende que é promissor dar uma posição significativa ao consumidor na empresa, para aprender com ele qual o caminho a seguir.
- » Kotler e Keller (2006, citados por Lemes; Ghisleni, 2013) consideram que o marketing promove relacionamentos de longo prazo mutuamente satisfatórios com partes-chave – clientes, fornecedores, distribuidores e outros parceiros de marketing, com o propósito de conquistar ou manter negócios com

eles. Ele constrói ligações econômicas, técnicas e sociais entre as partes.

» Torres (2009) destaca que o fato de as pessoas estarem no centro das atividades contribui para o sucesso do marketing digital, tendo como suporte as mídias sociais, que se multiplicam em variadas formas de comunicação colaborativas.

» Wellman (2005, citado por Almeida et al., 2011), conceitua comunidades como redes de laços interpessoais que proveem sociabilidade, suporte, informação, senso de pertença e identidade social, destacando que as comunidades estão sendo definidas em termos sociais e não espaciais.

» Bagozzi e Dholakia(2002, citados por Almeida et al., 2011) definem comunidade como espaços sociais mediados no ambiente digital que permitem que grupos se formem e se sustentem primeiramente por meio de processos contínuos de comunicação.

» Crosthwaite (2005, citado por Lemes; Ghisleni, 2013) explica que a preferência por uma marca é algo subjetivo e assinala o trabalho da publicidade, que tem o intuito de abarcar a maior parte da demanda e moldar as impressões do público tanto quanto possível. Como não existem dois indivíduos iguais, também as impressões sobre a marca mudam de pessoa para pessoa. As proposições da marca que se expressam criativamente pelos meios de propaganda são uma maneira muito poderosa de moldar essas impressões.

» Segundo Martins (2006), *branding* é o conjunto de ações ligadas à administração das marcas, as quais resultam em novas culturas, perpetuam hábitos e influenciam os indivíduos.

» Para Aaker (1998), a marca de uma empresa ou instituição se vale de vários mecanismos, como nome, frequentemente por um símbolo e também por um *slogan*.

» Keller (2006) concorda com Aaker (1998) quanto aos elementos: nome, logo, símbolo e *slogan*, fazendo menção aos detalhes que, quando bem-expostos, aumentam a popularidade, como *jingle* e embalagem.

capí-
tulo
5

A atual cultura de consumo

Conteúdos do capítulo

» Engajamento com mídias sociais.
» A influência das avaliações *on-line* na decisão de compra.
» Boca a boca eletrônico (eWOM).
» O eWOM negativo.

Após o estudo deste capítulo, você será capaz de:

1. explicar o que é engajamento;
2. engajar clientes em uma empresa;
3. desenvolver as boas formas de convivência na esfera virtual;
4. relacionar os atributos que as redes sociais adotam em seus perfis para estabelecer boas relações;
5. explicar a influência das avaliações *on-line*;
6. detalhar o processo de decisão de compra;
7. conceituar boca a boca eletrônico eWOM;
8. estabelecer as características do eWOM positivo e negativo;
9. destacar as vantagens do eWOM negativo;
10. estimular o público a tirar proveito das situações negativas;
11. ampliar o conhecimento sobre engajamento no meio virtual.

A relação entre o mercado e o consumidor deve ser estabelecida e mantida segundo os interesses de cada uma das partes. O desenvolvimento de cada ação é que pode estreitar o relacionamento

Conforme a relação entre cliente e empresa vai se solidificando, nasce o engajamento, algo mais forte, saudável e duradouro. O engajamento parte do apreço que um cliente tem por determinada empresa, o mesmo vai torcer pelo sucesso e crescimento da empresa.

As mídias sociais contribuem para a promoção da empresa que o cliente ou o consumidor está engajado, nelas o cliente vai colocar os atributos que os produtos oferecem e suprir as questões que estiverem a seu alcance para promover a marca.

Nesse contexto, as avaliações são feitas pelos consumidores e indicam o grau de *performance* da empresa e de satisfação do cliente. Essas avaliações permitem diagnosticar certas falhas e entraves no processo e no relacionamento com o público.

Em meio às avaliações surgem também os questionamentos feitos no boca a boca eletrônico (eWOM), que está disponível em qualquer rede de internet. O eWOM auxilia os consumidores no momento da tomada de decisões e contribui no mercado visando detectar suas respectivas falhas. Quando as avaliações e comentários evidenciam as falhas, constitui-se o eWOM negativo.

Os relatos de experiências e vivências com a marca serão completamente expostos por meio do eWOM. Neste capítulo, veremos os principais métodos de lidar com publicações negativas, tirar proveito das avaliações e as formas de engajar o público na empresa, para que ela seja embasada nos melhores perfis de relacionamento entre os clientes, já que a relação fidelizada favorece o crescimento e o sucesso.

5.1
O que é engajamento?

O que subjaz o sucesso de alguém ou de uma instituição, na atualidade, é o uso da inovação, que se manifesta no mundo virtual através da internet e suas ferramentas.

No cenário atual, o engajamento faz parte da inovação, permitindo usar novos meios, quebrar protocolos e ignorar algumas regras que antes jamais seriam dispensadas

Exemplo prático

Quando a cantora de *funk* Anitta introduziu em seu balé, no ano de 2019, a dançarina Thais Carla, que tinha 140 kg, muitas críticas e comentários gordofóbicos surgiram, mas a cantora levantou um grande número de apoiadores por sua atitude inesperada e diferenciada. A cantora viu a necessidade de engajar seu público por completo em seu trabalho, fazendo com que as pessoas se sintam seguras em segui-la, independentemente de suas particularidades.

5.1.1
Os atributos de engajamento

Engajar, segundo Castro (2008), é realizar a própria humanidade para além da própria sobrevivência, criando espaços para compartilhar as histórias sobre a origem, os desenhos coletivos do povir e as discussões do pacto do bem viver.

Engajamento é a entrega, a disposição e o apreço que alguém ou uma equipe tem por determinada unidade; geralmente o engajamento se atribui na vida pessoal, nas empresas comerciais, nos relacionamentos.

A publicidade tem como um de seus objetivos engajar. Isso porque uma empresa vai obter crescimento se contar com funcionários e clientes engajados. Para tanto, listamos a seguir alguns meios para alcançar o engajamento dos agentes, conforme Doyle (2018):

» agradar o cliente com menor custo entre os produtos;
» atender de forma eficaz;
» reconhecer funcionários em suas funções com carinho e valor;
» não exagerar nas fases de poder e autoridade.

Para ter uma equipe engajada, é preciso fomentar:

» autonomia para exercer as funções do trabalho;
» ações de energia mental e física;
» transmissão de segurança para o público;
» relação de confiança entre a equipe e os clientes.

As empresas buscam em suas ações publicitárias formas de agradar e ganhar confiança dos clientes. Essa confiança precisa ser formada e estimulada, lançando promoções para garantir uma proximidade maior com os consumidores.

O engajamento se mantém em uma relação entre mercado, equipe e clientela, bem como mediante geração de confiança entre ambas as partes, dando visibilidade ao compromisso.

5.2
Engajamento com mídias sociais

Sobre engajamento com mídias sociais, Sant'Anna, Rocha Junior e Garcia (2009, p. 2) afirmam:

> É fundamental, porque toda a sociedade humana – se baseia na capacidade do homem de transmitir suas intenções, seus desejos, sentimentos, conhecimentos e experiência de pessoa para pessoa. E é vital, porque a habilidade de comunicar-se aumenta as chances de sobrevivência do indivíduo.

Fortalecendo a fala do autor, o engajamento entre comércio e público se solidifica no compromisso responsável que a empresa trabalha, onde o cliente sente a satisfação e o prazer de permanecer em parceria fiel.

O processo de engajar o negócio com mídias sociais não visa às vendas, mas à manutenção do relacionamento. Afinal, a venda concluída deve sim fazer parte do processo, mas não deve finalizar a relação com o consumidor.

Devem ser montados, para isso, serviços que estabilizem os clientes estimulando-os a comprar novamente. Se o processo parar na venda, os clientes serão esquecidos e buscarão os produtos de que necessitarem em outra empresa.

Assim, Zeithaml e Bitner (2003, p. 139) explicam que "O marketing de relacionamento é uma filosofia de fazer negócios, uma orientação estratégica cujo foco está na manutenção e no aperfeiçoamento dos atuais clientes, e não na conquista de novos clientes".

As relações que a empresa planeja ter com os clientes são a base do engajamento. É recomendável, então, compor uma lista de planos e estratégias para conquistar os clientes para as relações permanecerem saudáveis.

Disponibilizar informações esclarecedoras, satisfazer ao oferecer qualidade nos produtos, proporcionar uma abordagem consistente e objetiva são ações que podem aumentar e fidelizar a clientela.

Perguntas & respostas

Se a empresa visa ao lucro, não basta conseguir efetuar a venda? É preciso vender novamente para o mesmo indivíduo?

Melhor é manter esse cliente em seu círculo e ampliar a lista de clientes. Podemos dizer que as redes sociais são praças em que um comerciante passeia para vender seus artigos, por apresentar uma maior concentração de usuários, praticamente no mesmo lugar, fica mais fácil fixar o comércio e assim fazer a apresentação do produto poucas vezes.

Exemplo prático

Em uma loja física de roupas, o cliente tem de se deslocar até o estabelecimento para fazer suas comprar. Além disso, há o inconveniente de o atendente ter de mostrar as peças disponíveis toda vez que um um cliente entra na loja. Dependendo da localização do comércio, poucas são as visitas, acarretando prejuízos. É interessante, nesse caso, o comerciante optar pela transferência da empresa para um local mais interativo, onde as pessoas estão ali para receber e compartilhar informações; isso será mais produtivo e a loja receberá mais visitas.

5.2.1
As ferramentas das mídias sociais no sucesso comercial

Brown, Broderick e Lee (2007, citados por Hoffmann, 2017, p. 36) informam que "os atores em redes sociais *on-line* aparentam serem indivíduos que 'relatam' para *web sites* em detrimento aos outros indivíduos – apenas ocasionalmente se engajando em contatos de pessoa para pessoa".

À proporção que as mídias sociais formam uma onda de informações e trocas de relatos vivenciados por seus usuários, cada um expõe suas satisfações e revoltas com o mercado e marca seu posicionamento com relação à empresa e ao que esta lhe entregou.

Como temos destacado, manter um engajamento no mercado é provocar e inquietar para uma boa convivência entre clientes, consumidores, funcionários, ou seja, a equipe no geral, que articula um comércio ou pequeno negócio no mercado.

Deweik (2016) cita alguns critérios para alcançar um bom convívio no mercado consumidor, sendo eles:

- » **Definição e valorização do público:** para abrir um negócio, a primeira intenção deve estar voltada para o público que vai ser atendido e a formação do círculo de clientes. Assim, as próximas estratégias serão bem-sucedidas, pois o empresário terá construído como um mapa de soluções.
- » **Bom conteúdo:** às vezes uma boa imagem basta para transmitir a mensagem publicitária, porém com conteúdos seguros e coerentes a empresa consegue despertar a confiança do público.
- » **Interação:** o público se sente mais à vontade quando a linguagem utilizada na comunicação com ele é mais direta, objetiva menos formal. É interessante permitir a atuação dos clientes com perguntas ou abrir para sugestões e dúvidas.
- » **Aparência visual:** os melhores empresários sabem a importância de ter uma visibilidade chamativa na estrutura física da empresa; isso faz parte de gerar conforto aos clientes. No ambiente virtual também deve ser adotada essa estratégia, pois chamar a atenção para a praça faz a diferença e estimula mais visitas. Tudo deve ser pensado como cores e contrastes, vídeos com uma boa imagem. Uma imagem ofuscada ou embaçada tende a levar as pessoas para outros pontos, que ofereçam mais credibilidade e qualidade.
- » **Permanência:** as maiores empresas resistem a crises não porque têm recursos para se manter, mas porque perseveram e são cautelosas nesses momentos difíceis. O que diferencia uma empresa bem-sucedida de uma fracassada é a perseverança. Os consumidores seguem os mais fortes e, quando a empresa, mesmo em crise permanece à disposição dos clientes,

a demanda se adapta a essa dinâmica, que firma um elo de fidelidade. É um repertório que segue em atualização constante, incansável aos olhos dos usuários, repercutindo em formato de segurança aos visitantes.

» **Espaço para ferramentas de opiniões**: conhecer os elementos sujeitos a críticas, sejam elas positivas ou negativas, vai ser sempre favorável ao sucesso da instituição. Entender o que prejudica e tirar aquilo que o público rejeita, valorizar e ampliar o que é vindouro e promissor são ações altamente recomendáveis.

5.2.2
Os efeitos das mídias sociais

Os *sites* de fofocas fazem parte de uma rede comercial, onde diariamente são postados detalhes da vida dos famosos e influenciadores. As pessoas, às vezes, nem sentem interesse na vida daquelas pessoas, mas como o *site* posta novidades diárias, permite que o público visite o conteúdo e, sem querer, isso se torna uma rotina.

Do mesmo modo acontece com as empresas de outros meios, engajadas em seus propósitos, elas não deixam seus clientes à espera de novidades, elas são a novidade constante. Assim, Kotler e Keller (2006, p. 16) mencionam que:

> *O marketing de relacionamento tem como meta construir relacionamentos de longo prazo mutuamente satisfatórios com partes- chaves- clientes, fornecedores, distribuidores e outros parceiros de marketing-, a fim de conquistar ou manter negócios com elas.*

Alcançar uma relação sólida com o público da internet e no geral com os clientes da empresa resulta em um engajamento significativo, que forma uma referência da marca, sem questionamentos. Com isso, as pessoas vão incorporar em suas vidas a busca pelo enredo que elas publicam diariamente.

Exercício resolvido

O engajamento é uma variável-chave do comportamento do consumidor por fornecer explicação para o relacionamento do indivíduo com marcas. Após a expansão das redes sociais virtuais, pesquisadores de marketing se dedicaram ao estudo da dinâmica do engajamento nesses espaços. De que forma o engajamento influencia no comportamento do consumidor?

a) Uma das definições mais disseminadas se refere ao engajamento como uma valência positiva, relacionada a aspectos cognitivos, emocionais e comportamentais durante a interação entre consumidor e marca.

b) A interação do indivíduo não reflete nas ações que sinalizam consciência e engajamento.

c) A estrutura da rede social não atende a diferentes objetivos de desempenho entre público-alvo e marca (ou empresa).

d) Curtir, comentar ou marcar outra pessoa nos comentários, comportamento popularmente disseminado como boca a boca, não influencia no comportamento do consumidor.

Gabarito: *a*

A resposta está correta, pois a interação do indivíduo é refletida por meio de ações que sinalizam consciência e engajamento, pois a estrutura da rede social pode atender a diferentes objetivos de desempenho entre público-alvo e marca (ou empresa), sendo representados por métricas que refletem as expressões comportamentais, tais como: curtir, comentar ou marcar outra pessoa nos comentários, comportamento popularmente chamado boca a boca.

5.3 A influência das avaliações *on-line* na decisão de compra

A interação *on-line* permite que grupos maiores se formem e se unam com intenções comuns, agindo em favor da tomada de decisão do consumidor, sendo uma ferramenta de base na avaliação.

No momento de avaliar, o consumidor adota seus critérios, e quem terá de se esforçar para conquistar aprovação será a empresa.

Uma avaliação requer o direito à informação e toda empresa vai deixar as melhores indicações sobre seus produtos, apresentar a melhor propaganda comercial.

E o que fazer para diferenciar um produto ou empresa de melhor rendimento no mercado?

A internet permite que as pessoas exponham seus comentários e as plataformas digitais das empresas têm muitas ferramentas disponíveis para receber os questionamentos públicos, para assim adquirir as melhorias da empresa.

No entanto, essas opiniões servem de alguma forma para abrir os olhos de algum consumidor que pode estar pesquisando um produto e, ao se deparar com certas questões, pode decidir não efetuar a compra.

Os comentários deixados nas páginas virtuais das empresas são de extrema importância e influência nas escolhas de consumir, pois muitas vezes um comentário descarta toda a qualidade apresentada no perfil de uma loja.

5.3.1 Os cuidados com as avaliações *on-line*

Verificar e pesquisar sobre um produto antes de consumi-lo já faz parte da cultura de muitas pessoas; há um tempo as pessoas só sabiam da valia de algo comercial após o uso.

Hoje, porém, as informações podem ser acessadas mais facilmente nas redes de internet, mesmo que seja algo ainda novo, alguma informação vai existir, pois o mundo digital dá boas-vindas a tudo que é novo. As pessoas têm a consciência de que a liberdade de expressão está vinculada a essa fonte de conhecimentos, e essa fonte se torna o meio em que mais se busca por informações.

Existem pessoas que agem de má-fé e desejam atrapalhar os negócios, divulgando opiniões e experiências falsas. Por isso, é importante manter uma fiel relação com o público.

No mercado consumidor, a credibilidade das empresas também se constrói sobre as avaliações e comentários públicos dos consumidores. No *on-line*, podem existir queixas, revoltas, armadilhas, ataques, liga de justiça, combates às crises sociais como racismo, homofobia. Tudo que existe no *off-line* foi transferido para o *on-line*, só que de forma mais ampla.

Assim, conforme Coelho (2020), seguem algumas formas de aproveitar as avaliações para alcançar sucesso:

- » **Ouvir e pesquisar sobre a empresa ou produtos**: dependendo das opiniões, a empresa vai adquirir crédito e a confiança do público, mas caso ocorram esclarecimentos negativos, a empresa sofrerá desfalque e abalos nas vendas e manchar a reputação da marca.
- » **Considerar as críticas construtivas**: usar os critérios para o crescimento da instituição faz parte da manutenção relacional com os clientes, assim como a reformulação dos planos através das sugestões vai fazer muita diferença.
- » **Divulgar vendas e resultados**: clientes vão manter suas escolhas com base em volume de vendas e comentários satisfatórios.

> **Desarmar os consumidores feridos:** é necessário avaliar os efeitos obtidos pela transmissão das mensagens críticas para lapidar o local que está afetando as pessoas.

> **Estar aberto a mudanças:** para manter uma boa relação com o grupo de clientes, mesmo com a exposição de insatisfação por parte de quem não foi bem-sucedido no atendimento da empresa, é preciso lançar questionamentos e entender o valor das opiniões. Desenvolver novas metodologias para cobrir o desgaste na qualidade e eficácia da empresa

As redes sociais existem há mais de duas décadas e representaram uma mudança nos hábitos de buscas entre as marcas e os consumidores. O Facebook provou aos profissionais de marketing que as redes sociais contribuem para o mercado econômico e servem para receber em seu ambiente os negócios, além de ter a função de aproximar o público da empresa e engajá-los.

Conforme Zeithaml (1988, p. 14) explica, a "avaliação total do consumidor sobre a utilidade de um produto ou serviço é baseada nas percepções do que é recebido e do que é dado".

5.4
Boca a boca eletrônico (eWOM)

A comunicação informal, que também é conhecida como propaganda boca a boca, é um tipo de comunicação que dificilmente tem sua origem identificada, podendo surgir de alguma experiência vivida pelos clientes da empresa, como também emanar de uma massa de pessoas que repetem o que veem sem contar com testemunhas ou provas.

De acordo com Westbrook (1987, citado por Hoffmann, 2017, p. 32), o boca a boca eletrônico e afirma que são "comunicações informais dirigidas a outros consumidores sobre a posse, o uso ou as características sobre produtos e serviços em particular e/ou seus revendedores".

Comércio digital é um ambiente público como todos os *off-line*, até porque raramente se encontra hoje um comércio físico que não compartilhe ou faça uso do ambiente digital, com o propósito de apresentar com maior amplitude seu negócio.

Kietzmann e Canhoto (2013, citados por Santos, 2017, p. 10) afirmam que:

> *E-WOM refere-se a qualquer afirmação baseada em experiências positivas, neutras ou negativas feitas por potenciais, atuais ou possíveis consumidores sobre um produto, serviço, marca ou organização, que são disponibilizadas a múltiplas pessoas e instituições através da Internet (através de websites, redes sociais, mensagens instantâneas, feed de notícias, etc.).*

Deixar uma boa impressão no mercado fortalece a marca e permite que a identidade se solidifique em esfera global. A seguir, comentaremos sobre o que uma grande marca precisa para causar boas impressões.

5.4.1
Características eWOM

O marketing eWOM ou boca a boca deixa as pessoas compartilhar suas experiências com os produtos e liberar as indicações precisas sobre as empresas; afinal, cliente entende cliente e faz o jogo ser aberto em relação à qualidade do comércio.

A esse respeito, conforme Bentivegna (2002, p. 79):

> *O marketing boca a boca caracteriza-se pela divulgação de produtos e serviços por canais interpessoais e consiste num componente essencial no composto de comunicação de diversas empresas. Nesse sentido, o crescimento do número de consumidores conectados à Internet motiva as empresas a buscarem caminhos para maximizar o marketing boca a boca por meio de ferramentas* on-line, *como o marketing viral.*

O passe da palavra garante respostas positivas e ajuda as pessoas a escolher de forma consciente seus artefatos; além de ajudar o consumidor em suas escolhas, atribui créditos ao mercado sério e comprometido com seu público.

Então, o boca a boca eletrônico beneficia mercado e consumidor com uma mesma ferramenta, o eWOM. Nesse processo, valoriza o público de consumo quando ressalta os comentários relevantes e indispensáveis no momento de escolha, deixando mais significativo o mundo comercial quando resolve disponibilizar os melhores esclarecimentos.

Os benefícios que o eWOM promove para o mercado são números; vamos listar alguns:

» demanda maior de clientes;
» estreitar as relações com os consumidores;
» manter a longo prazo o contato com a rede de clientes;
» fazer boas recomendações através de um bom relacionamento;
» promover a ampliação da empresa, com uma impressão significativa.

Todos esses benefícios partem de avaliações seguidas de bons comentários e referências; entretanto, impressões negativas da parte de outros consumidores podem prejudicar a empresa.

O eWOM permite que as pessoas dividam e publiquem suas vivências com lojas e empresas, atribuindo uma troca recíproca de serviços, onde a empresa desenvolve um bom atendimento e o cliente se satisfaz com os serviços.

Parece estar mais habitual os servidores investirem em expressões digitadas, eles querem fornecer atributos significativos e garantir reconhecimento; os publicitários e usuários da internet fazem de tudo para ter seu espaço e sua identidade na sociedade virtual.

A identificação do eWOM com o público digital se faz a partir de ideias e críticas expostas, valiosos ou sem valor, um recado pode ter interferência no futuro do mercado.

Como o ponto de partida de uma venda é a pesquisa, muitos determinam suas escolhas com base em outras fontes e nada mais confiável do que ver relatos de indivíduos que já têm uma experiência real com a loja.

O mundo comercial precisa estar atrelado com os métodos de marketing de que a empresa deve dispor, um bom atendimento ao público e a partir de então esperar a avaliação predominante.

O que move o meio comercial não são as atitudes dos líderes e suas grandes marcas, pois a tecnologia favoreceu as pessoas com suas inovações e deu poder a cada consumidor, assim, pode-se dizer que a inovação tecnológica é uma máquina de transformação.

Os consumidores da nova era realmente são o centro do processo de desenvolvimento do comércio, são eles os responsáveis pelo sucesso de uma empresa, pois estão ocupando o maior espaço nas redes sociais, lugar onde acontece o maior fluxo de publicidade, de vendas e de consumo.

Também são o canal mais confiável de avaliação, as melhores indicações se efetivam pelo boca a boca eletrônico, e quem incorpora tal ação são os grupos conectados às diversas informações.

Exercício resolvido

A empresa Natura, pensando no bem-estar de seus clientes, em cada entrega de produtos fornece em suas caixas miniaturas de amostras dos produtos mais vendidos, com o propósito de fidelizar as relações. Portanto, qual é o planejamento estratégico se encaixa nessa ação de marketing?

a) A Natura reconhece que agradar seus clientes é importante e a diferencia no mercado competitivo, sendo mais significativo que o preço.

b) A Natura adota esse comportamento como estratégia de diminuir suas verbas com a propaganda.

c) A Natura procura, com o agrado, controlar e inspecionar a colaboração interna, visando à melhoria de seus funcionários.

d) A Natura focaliza a retenção do cliente como sendo a grande prioridade dos negócios mesmo que a maioria dos clientes presenteados não seja lucrativa.

Gabarito: *d*

A alternativa está correta, pois o objetivo do mercado é priorizar a permanência do cliente para que através do mesmo ocorra o surgimento de outros, fazendo um ciclo maior e crescente de clientes.

O "boca a boca eletrônico" ou eBAB (eWOM) faz parte da promoção de uma marca dando continuidade a seus princípios, pois quando uma empresa está inserida no mercado, ela tem maior visibilidade. Entretanto, se seu gestor for infeliz na administração, uma nova marca vai surgir e tomar seu espaço.

O perfil das pessoas contemporâneas está ligado aos novos patamares da inovação, novas linhas de pensamento, uma das razões para grandes líderes da atualidade serem cada vez mais jovens; isso porque estes têm novos pensamentos, são seres modernos, vindos de uma geração conectada, movidos por ideias inovadoras que se mostram mais interessantes e com maiores resultados.

Perguntas & respostas

Como um comprador pode impactar a história de uma marca?

Isso acontece mediante o eWOM: uma ideia aqui, outra crítica ali, queixas e repúdios, basta estar conectado e ativo para fazer girar o boca a boca eletrônico e assumir o que deseja seja para o bem ou para o mal, por agradecimento ou aborrecimento.

Portanto, o eWOM refere-se a uma argumentação relacionada a uma marca, empresa ou comerciante, que esteja com suas funções disponíveis na internet, através de influenciadores, clientes e não clientes.

Para Miguel José Dias Ramalho Teixeira (2017), conforme for a atribuição do eWOM, ele se dará de maneira negativa ou positiva:

- » **Positivo**: geralmente se origina em uma experiência boa, e o cliente faz questão de recomendar produtos, serviços e ações da empresa.
- » **Negativo**: motivado por um processo desfavorável, ou seja, uma compra malsucedida.

5.5
eWOM negativo

Miguel Teixeira (2017) lista os motivos que levam o consumidor a praticar o eWOM negativo:

- » **Ações equivocadas**: Isso pode surgir por meio de uma atitude inesperada que a empresa formulou com o público, claro que de forma errada, pois nenhuma empresa quer deixar sua imagem ser manchada em esfera pública. Por exemplo, uma empresa contrata um ator que nos últimos tempos se envolveu em ações racistas para fazer a companha publicitária anual contra o racismo.

» **Defeitos nos produtos:** Pode ser um erro de fábrica, como produtos malfeitos ou quebrados
» **Data de validade:** Os supermercados podem ser os mais afetados nesse aspecto; por descuido, podem deixar em suas prateleiras produtos vencidos ou os colocar à venda com o valor abaixo do preço. Isso é inaceitável.
» **Atraso na entrega:** Muitos clientes esperam demais por um produto cuja entrega ultrapassa o prazo acordado.
» **Enganos:** Há clientes que são enganados por empresas não confiáveis – geralmente o pagamento é realizado e o produto não chega. Empresas dessa categoria procuram praticar valores bem baixos em relação ao mercado.
» **Garantias:** Marcas de aparelhos eletrônicos costumam gerar garantias sobre seus equipamentos, porém muitas lojas não arcam com essa responsabilidade, atribuindo culpa aos superiores.
» **Preços abusivos:** Como o mercado no meio virtual cresceu a ponto de nascer concorrentes fortes para cada tipo de negócio, as pesquisas são constantes e os consumidores conseguem enxergar quem está abusando dos valores e quem quer realmente permanecer do lado do cliente. Assim, quem atribui valores altos se engana achando que o cliente não perceberá.
» **Atendimento:** Quando um cliente vai a uma loja e ninguém o recebe para auxiliá-lo na compra, nem ao menos para perguntar o que está precisando, isso se traduz como um péssimo atendimento. No meio

virtual não é diferente: a falta de informação e descrição dos produtos nas plataformas das lojas virtuais condiz também com o mau atendimento.

Então, o eWOM negativo de fato acarreta prejuízos aos comércios virtuais e os *off-lines* também, porém aqui vamos pautar o meio virtual. Diminuir as saídas dos produtos, cortes de sociedades, quebra no número de seguidores e clientes, imagem degradante, reputação abalada. Assim, o negativo possui força no campo digital e cada palavra faz referência na estrutura relacional entre os clientes de uma empresa.

Com a liberdade de expressão ainda maior nas redes comunicativas, as empresas e o mercado em geral podem ser alvos de críticas e elogios. Para os fortes, as críticas são massa para uma boa reconstrução, para os pequenos pode ser um motivo de desistir da área comercial.

De acordo com a Anacom (2004, citada por Santos, 2017, p. 18), o comércio eletrônico se define como: "Todo o processo pelo qual uma encomenda é colocada ou aceite através da Internet, ou de outro qualquer meio eletrônico, representando, como consequência, um compromisso para uma futura transferência de fundo em troca de produtos ou serviços".

5.5.1
As vantagens de receber eWOM negativo

Certas empresas se valem dos eWOM negativos como um projeto de pesquisa para estudar os pontos e identificar supostos erros e defeitos, tratando de melhorar e não persistir nas falhas.

Quando uma pessoa faz uma compra *on-line* e garante satisfação na entrega, qualidade no produto, promoção de frete e outros atributos que o consumidor adora obter, com certeza essa pessoa irá fazer a indicação para outras pessoas e a empresa irá ganhar pontos no mercado, mesmo que não adquira nenhuma venda de imediato.

Pocinho (2012, citado por Santos, 2017, p. 41), diz que:

> A metodologia quantitativa caracteriza-se como um processo de inquirição para a compreensão de um problema, enquadrado por uma teoria composta de variáveis medidas com números e analisada através de procedimentos estatísticos, tendo em vista determinar se para um dado nível de probabilidade, podem os dados ser generalizados.

Emoções que os clientes satisfeitos e insatisfeitos apresentam:

» **Altruísmo**: usado como uma forma de evitar que outras pessoas passem pela mesma experiência negativa.

» **Vingança**: uma forma de atrapalhar o crescimento da empresa como desconto da experiência fracassada.

» **Raiva**: vontade de encontrar outros clientes insatisfeitos e rejeições relacionadas à empresa.

Emoções que clientes satisfeitos apresentam:

» **Desejo de adquirir fama própria**: através de seus comentários de classificação e utilidade pública.

» **Dividir experiência**: compartilhar com seus amigos e familiares os benefícios que a empresa atribui a seus clientes.

» **Contribuir**: auxiliar no progresso do negócio em forma de agradecimento pelo bom atendimento.

Exercício resolvido

As empresas contemporâneas visam surpreender seus clientes, pois reconhecem que a cada dia o mercado se transforma num meio mais competitivo e muitas são as armas que o marketing oferece para o mercado fidelizar as relações com as pessoas. Sendo assim, a seguir, destaque a ferramenta que torna o negócio engajado com seu público-alvo.

a) Presentear os clientes a cada visita vai atrai-los para ir à loja sempre que possível, com a intenção de serem premiados.

b) Aprender com os erros e impor estratégias de avaliação própria vai garantir que seu público aceite sempre as falhas, pois saberão que a empresa não fez com a intenção de irritar quem quer que seja.

c) Priorizar a conquista de novos consumidores e ampliar sua rede de clientes, visando também o crescimento da marca.

d) Priorizar os clientes que já fazem parte da empresa, mantendo responsabilidade, compromisso e comunicação, pois será por meio deles que irá ocorrer o desenvolvimento da marca.

Gabarito: *d*

A alternativa está correta, pois com a informação ampla, as empresas devem manter um bom relacionamento com seus atuais consumidores e assim receber a reciprocidade desse compromisso por meio do boca a boca eletrônico que os clientes satisfeitos fazem questão de indicar. Deve estar claro que uma impressão negativa surte um efeito maior que a positiva, então o mercado descobriu que o melhor a fazer é priorizar os clientes já existentes.

Síntese

- » Para Sant'Anna, Rocha Junior e Garcia (2009), é muito importante ser alguém engajado, pois faz o ser humano ser capaz de viver e expressar a habilidade de comunicação, sendo a comunicação um ato de sobrevivência das pessoas.
- » Segundo Zeithaml e Bitner (2003), a empresa deve focar em uma relação solida com os clientes já existentes, em vez de se dedicar a conquistar novos clientes.
- » Brown, Broderick e Lee (2007, citados por Hoffmann, 2017) consideram as mídias sociais canais em forma de indivíduos, que expõem seus ensinamentos para se engajar na promoção que leva de pessoa para pessoa.
- » Segundo Kotler e Keller (2006), o marketing de relacionamento propõe uma relação de longo prazo e satisfatória entre clientes, fornecedores, distribuidores e outros parceiros de marketing, a fim de conquistar ou manter negócios com elas.
- » Zeithaml (1988) aponta para a influência que as avaliações causam em relação a um produto, sendo fundamentada a partir daquilo que é exposto em rede.
- » Westbrook (1987, citado por Hoffmann, 2017) define o boca boca eletrônico como fala comum entre consumidores que diz respeito a empresas, produtos, serviços, revendedores e marcas.
- » Kietzmann e Canhoto (2013, citados por Santos, 2017) conceituam as eWOM como respostas de vivências negativas ou positivas, articuladas por pessoas influentes ou não, mas que fazem parte do meio

virtual como usuárias do sistema comunicativo; eles acrescentam que tais afirmações são veiculadas a inúmeras pessoas e instituições através da rede de internet.

» Bentivegna (2002) diz que o marketing boca a boca se forma por meio da publicidade de produtos e serviços que servem de consumo e são transmitidos para diversas empresas, podendo ou não ter sucesso no mercado.

» Conforme a empresa Anacom (2004, citada por Santos, 2017), a definição de comércio eletrônico se faz desde o processo pelo qual uma encomenda é colocada ou aceite através da internet ou de outro qualquer meio eletrônico, representando, como consequência, um compromisso para uma futura transferência de fundo em troca de produtos ou serviços.

capítulo 6

O auxílio recíproco: marketing e consumidor

Conteúdos do capítulo

- » Marketing de conteúdo.
- » Visibilidade de conteúdo: SEO, *links* patrocinados.
- » Uso de influencers para promover marcas e produtos.
- » Como acompanhar o consumidor.
- » Métricas do marketing *on-line*.
- » Tendências futuras.

Após o estudo deste capítulo, você será capaz de:

1. listar as estratégias que o marketing de conteúdo disponibiliza para as empresas
2. diferenciar SEO e *links* patrocinados;
3. indicar o que pode ser negativo e positivo com as plataformas que promovem os conteúdos aos primeiros lugares nas buscas;
4. relacionar o perfil dos influenciadores com estratégias do marketing digital;
5. aplicar as métricas do marketing, colocando em prática a aproximação com a clientela.

Neste capítulo, explicaremos como as pessoas estão aptas a incorporar as mídias digitais em prol da sobrevivência dos negócios no mercado consumidor, por reconhecer que a visibilidade atual se encontra nos mecanismos de buscas virtuais.

Enfrentar a concorrência no mundo competitivo faz toda a diferença no sucesso da empresa, porém nem sempre o que se espera é positividade, mas é bom ficar atento aos detalhes, pois, às vezes, o trabalho não se desenvolve.

Trocar informações, se comunicar, divulgar, ingressar, tudo isso faz parte de uma rotina simplificada das ações de marketing, são essas ações que estão fazendo parte do processo de marketing no mercado consumidor.

As empresas adotam as estratégias conforme o seu público-alvo em busca de assumir um compromisso de relacionamento fidelizado, sendo que o objetivo primordial é realizado segundo informações comunicativas.

Os diversos meios de divulgar e promover *sites*, conteúdo e redes sociais podem ser otimizados gratuitamente nas plataformas ou serviços pagos pelas pessoas que querem resultados mais rápidos.

Muitas pessoas fazem de tudo para conquistar milhares de seguidores; no entanto, os esforços podem não funcionar. Aqui trataremos sobre o desempenho dos *influencers* e seus atuais projetos no mercado consumidor.

Como acompanhar novos consumidores com tantos atributos no meio digital? Comentaremos sobre as métricas de marketing *on-line*.

Por fim, analisaremos as tendências futuras.

6.1
Marketing de conteúdo

Para conquistar o público, é necessário introduzir meios que justifiquem a escolha por seus produtos, não é nada fácil ter que convencer uma demanda tão exigente e conhecedora do que é qualitativo ou relevante.

O ponto forte para qualquer concorrente é a visão que ele tem de enxergar o sucesso através do carisma da empresa rival. O marketing de conteúdo ajuda os empresários e as equipes de empresas a se posicionarem da melhor maneira possível.

As pessoas não são mais fiéis aos canais abertos e nem necessitam de ficar à disposição do que a mídia televisiva decide falar, pois a internet alcançou a mídia tradicional e conseguiu molda-lá.

O melhor é saber que cada um pode ver o que quiser e divulgar a empresa da forma que achar melhor, pois a mídia digital está tão ampla e acessível que quase a totalidade das pessoas pode acessar as publicidades comerciais.

Dessa forma, vem a pergunta: O que é marketing de conteúdo? Que exemplo podemos citar?

O marketing de conteúdo é uma abordagem que abrange criação, seleção, distribuição e ampliação do conteúdo, destinado a um público específico.

De forma mais clara, vamos imaginar que você é dono de um restaurante e quer muito fazer a saída dos petiscos, ao invés de divulgar por meio de propagandas em rádios e TVs que o seu restaurante está disponibilizando deliciosos petiscos, você irá divulgar nas redes sociais que, para atender melhor a clientela e pensando no bem-estar de seus clientes, está acrescentando no cardápio petiscos naturais, chamando assim a atenção do cliente e instigando a curiosidade da galera. Ainda, pode finalizar a publicação com frases convidativas.

Essa simples ação vai atrair as pessoas que priorizam a saúde, mostrar ao público que o restaurante busca uma relação de proximidade, ampliar seu negócio por meio da qualidade do conteúdo, além de promover um objetivo definido, sendo capaz de gerar conversas sobre conteúdo.

É preciso conhecer os mecanismos que formam bons conteúdos, não basta jogar seu produto na loja e esperar que alguém vá buscar, tampouco deixar as imagens deles em redes sociais sem informar suas características, à espera que alguém envie um comentário e tire as dúvidas por atitude própria. Assim, conforme Peçanha (2020), é importante conhecer algumas estratégias, sendo elas:

- » **Conteúdo relevante:** É a forma de fazer com que o cliente entenda que o comerciante não quer apenas vender, e sim mostrar o quão benéfico é para a vida do cliente aquele serviço ou item que está em sua loja. Por exemplo, uma peça de roupa pode ser bonita e boa, mas também tem que ser útil para o cliente, só assim ele entenderá o quanto é necessário adquirir a peça.
- » **Conteúdo valioso:** Atribuir valores na hora da divulgação para que as pessoas reconheçam que o artigo disponível vai ser promissor para sua vida e não mais um artigo guardado sem fundamentos.
- » **Conteúdo que gere importância para o público:** Uma consecionária tem que ser muito firme em seu marketing de conteúdo para vender carros caros todos os dias. No entanto, tais empresas sabem que falar apenas que o carro hoje é uma necessidade não gera tantos pontos para uma venda. Nesse caso, publicar as funcionalidades, descontos de compras e o que o carro vai proporcionar não apenas para o cliente e sua família, vai permitir que o indivíduo entenda que o uso vai se estender para sua família e amigos, gerando assim uma importância maior ao público.

» **Conteúdo formador de negócios:** É quando o conteúdo deixa de ser direcionado para uma pessoa e passa a ser transmitidos de cliente para cliente, ele deve ver vantagem em se unir à empresa. No momento em que uma promoção é lançada, atribuindo descontos para quem levar um parceiro à loja, muitas vezes nem é preciso gerar promoções. Deixar público as melhores características do produto, já vai fazer com que os clientes vejam o quanto o produto é incrível e naturalmente vão mostrar a outras pessoas, podendo ser o lançamento de um celular (com elevado pixels em sua câmera) ou até mesmo uma peça íntima (que não deixa marca no corpo).

» **Conteúdo positivo:** Um bom conteúdo é produzido com as principais características do produto, de maneira objetiva e clara, a empresa pode atrelar a propaganda do seu produto com mídias digitais, eventos referentes à função de sua marca. Uma empresa de energéticos pode muito bem criar sites, onde expõe as funcionalidades da bebida e para qual público é direcionado. Assim, os atletas em geral vão se interessar pelo item.

Dessa forma, Rez (2016, p. 155) assinala que:

> *A melhor forma de fazer uma oferta de conteúdo imbatível é entender quem são suas personas. Por isso mais uma vez destaco: Conheça todos os atributos do seu consumidor ideal, estude o comportamento do seu consumidor e crie o melhor conteúdo para ele. Faça isso sempre.*

O que é

Personas é o estudo de clientes que vão ser atendidos no mercado, ou seja, funciona para identificar os gostos e as necessidades do público-alvo que o negócio deve abranger (Peçanha, 2020).

Exercício resolvido

Atualmente, o comércio trabalha em busca de renovações e a lista de credibilidade deve ser maior do que a lista de clientes. Então, como fazer uma empresa se diferenciar de outra que possui a venda dos mesmos produtos, características e funções?

a) O marketing de conteúdo se diferencia dos outros tipos de marketing, pois propõe distanciar-se dos clientes.

b) O marketing de conteúdo se preocupa em fazer a empresa manter-se na internet e criar publicações de divulgação.

c) O marketing de conteúdo se diferencia dos outros tipos de marketing porque estuda como se colocar na internet, propondo que as expressões de comunicação sejam revisadas.

d) O marketing de conteúdo se diferencia dos outros tipos de marketing porque as expressões de comunicação não necessitam ser revisadas.

Gabarito: c

A alternativa está correta, pois o marketing de conteúdo se diferencia dos outros tipos de marketing; ele estuda as formas de como se colocar na internet, as expressões de comunicação devem ser revisadas, pois tudo que se expõe, principalmente quando dito de forma direta, pode ser alvo de e-WOM negativo.

6.1.1

Funil de conversão

Para fluir com o sucesso do conteúdo, existe um processo que a empresa estabelece para estreitar os caminhos e facilitar a conquista dos clientes e vendas.

O funil de vendas tradicional tem como mecanismos o acrônimo AIDA, que quer dizer: atenção, interesse, desejo e ação. Mas o inovado processo do funil de conversão abrange a área digital, tendo como objetivo alcançar o que se espera no comércio, a relação e manutenção entre o público e um engajamento preciso.

Conhecer as funções básicas dos *leads* ajuda no ritmo processual do funil de conversão, pois é a partir dele que a lista de estratégias e clientes vai ser lançada para cumprir o processo de fechamento de vendas.

Vejamos os principais objetivos das etapas do funil, conforme a Figura 6.1:

» **O que pode ser oferecido:** fazer com que as pessoas leiam os conteúdos do início ao fim se torna um desafio tanto para quem vai ler como para quem produz. Então, uma boa dica é fisgar a atenção do visitante logo no início da leitura, com páginas animadas, temas destacados do que está sendo oferecido e que pode ser de bastante utilidade, dar ênfase no estimulo à curiosidade para o leitor ter interesse de ler todo o tutorial.

» **O que pode ser feito:** uma opção é enviar *e-mails* de marketing para apresentar as fontes da empresa de forma completa através da identificação dos *leads*. A produção de uma lista de quem pode ir para o local de venda facilita o processo de conversão.

» **Ajudar o cliente:** nessa etapa os clientes já receberam os conteúdos necessários e sabem como a empresa trabalha. Com isso, a empresa vai estimular a compra. De início pode promover um pouco do produto grátis, para então garantir a venda.

» **Clientes**: como já comentamos, o processo não se encerra na venda; o mercado de consumo é um ciclo baseado no cliente e no pós-venda, que deve focar na fidelização entre mercado e consumidor.

Figura 6.1 – Funil de conversão

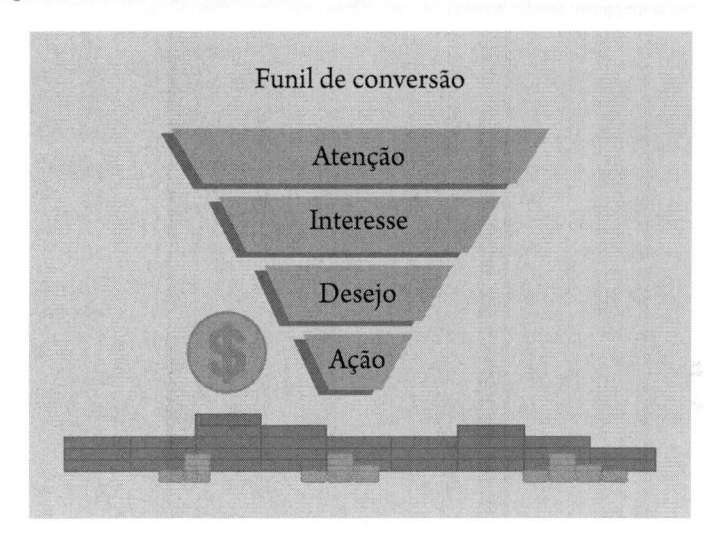

Funil de conversão
- Atenção
- Interesse
- Desejo
- Ação

Gomes e Mesquita (2021, p. 19) alertam que "após a conversão de um *lead* em cliente, é hora de transformá-lo em um promotor da sua marca".

Convém diferenciar *inbound* marketing e *outbound* marketing; no primeiro é o *lead*, ou seja, o cliente que procura a empresa interessado no produto ou serviço, já tendo passado pelas etapas do funil; e no segundo, a ação inicial parte do vendedor ou empresa.

Portanto, Gomes e Mesquita (2021, p. 18) definem *leads* como "pessoas que mostraram mais interesse na sua marca e na sua empresa. São visitantes que ofereceram mais informações para a empresa (como telefone e e-mail) em troca de algo".

6.2 Visibilidade de conteúdo: SEO e *links* patrocinados

Dar visibilidade no ambiente virtual vai além de mostrar algo; é popularizar o que está disponível ao público.

Uma das ferramentas mais acessadas são as redes sociais, nelas as visitas não param e o número de usuários só aumenta. Por isso, muitas empresas e comerciantes fisgam a oportunidade de implantar seus negócios nas redes de comunicação.

Dessa forma, para Mendonça (2013, p. 8), "a evolução e as transformações das tecnologias permitem a criação de ambientes digitais onde a interação, participação e colaboração dos indivíduos favorecem o processo de comunicação e propagação de informação".

O fato diz respeito às mídias, que por meio de seus processos aumentam os vínculos sociais, resgatam as ideias e enriquecem os conhecimentos originando outras descobertas. Fazem o meio econômico estudar seu público e oferecer as melhores oportunidades de consumo, além de traduzir psicologicamente os desejos dos consumidores.

Para saber mais

O marketing de conteúdo existe desde o século XIX; no entanto, seu meio de interação com o público eram as revistas. Agora, a intenção é contribuir na qualificação dos negócios, mostrando que o marketing vem se moldando de tempos em tempos para atender as necessidades do público que ingressa as plataformas de comunicação.

Assim, por meio dos processos da mídia, os vínculos sociais vêm aumentando, resgatando as ideias e enriquecendo os conhecimentos, originando outras descobertas.

6.2.1
Conceito, atribuições e técnicas de SEO

Search Engine Optimization (SEO) são técnicas usadas para otimizar mecanismos de buscas com o propósito de deixar o conteúdo no melhor ponto de visibilidade.

Oliveira et al. (2011, p. 2) afirmam:

> *A aplicação do SEO está a crescer, principalmente no meio comercial, possibilitando às empresas o fortalecimento das marcas, seus produtos e serviços, em ambiente web e consequentemente aumentaram as suas margens de lucro, com a eminente possibilidade de estar entre os primeiros resultados nos mecanismos de busca, numa pesquisa realizada pelos usuários.*

Algumas formas de implementar o SEO são:

» Otimização *on-page* (ação dentro do *site*, melhoria do título, imagens dinâmicas, revisão do conteúdo);
» Otimização *off-page* (ação fora do *site*, *links* do *site* colocados em outros *sites*, a partir dessa divulgação o *site* receberá influência para ficar em destaque);
» *Sitewide* (trabalho de melhorias realizado em todo o *site*, para colocá-lo como inspiração dos resultados procurados).

Tais técnicas permitem que os clientes busquem os serviços e produtos de determinada empresa por meio das palavras-chave que correspondem à precisão das buscas.

A janela de pesquisa relaciona o que a empresa oferece ao termo que o cliente pesquisa, agrupando a página às respostas da busca específica.

O trabalho do SEO é importante para fazer uma colocação significativa do *site* e manter a empresa numa boa visibilidade, de fato é bem difícil ocupar as primeiras posições de um ambiente quando existem milhares de candidatos que têm o mesmo desejo.

O SEO funciona em parceria com os *sites* de buscas, o Google, por exemplo, que ao receber os conteúdos de pesquisa filtra apenas os interesses do consumidor, para que ele receba as informações que almeja.

Sendo assim, são técnicas referenciais:

» **Palavra-chave**: primeiramente fazer a escolha da palavra-chave, a melhor maneira de fazer a escolha é conhecendo as mais populares. Através de guias como *Keyword Planner*, as empresas podem ser auxiliadas nessa escolha e então o *site* expõe o conteúdo conforme suas palavras-chave.

» **Qualidade**: nada de conteúdos falsos e copiados, complexos e de difícil acesso ao significado das palavras.

» **URL**: fazer o leitor entender o ambiente que está visitando, sem símbolos e pontuações duvidosas, deixa um astral seguro; por isso, deve-se ser preciso na informação da URL.

» **Título**: a palavra-chave no título mantém a força da página e a torna mais relevante; é aconselhável montar títulos pequenos e objetivos.

» *Metatag description*: é um resumo do que o *site* vai oferecer o qual conta na HTML da página.

» **Estrutura**: oferecer tópicos no *site* permite que os visitantes se sintam acolhidos e seguros da qualidade de um conteúdo, afinal um assunto pode estar interligado a outros temas e fazer respaldo de tudo dá garantias aos serviços.

» *Sitemap*: fazer uso de tal técnica permite que cada página do serviço virtual seja rastreada por meio de *links* que o *site* de busca disponibiliza, os mais comuns são Sitemap XML e Google News Feed e o Google Sitemaps XML.

» **Nome das imagens:** as imagens aplicadas no conteúdo devem ser acompanhadas de descrições para que o entendimento seja alcançado, além de tornar o desenvolvimento da leitura mais prazeroso.

» **Otimização *Mobile First*:** é um método criativo de produção de *web* e *sites* móveis e em segunda ordem para adequar seus usos em outros meios. Fazer a experiência entre o uso do *site* em outros dispositivos digitais é uma forma de saber que o conteúdo pode ser visitado em vários aparelhos e ninguém vai ser privado de ver seus serviços.

» **Google AMP:** que quer dizer páginas aceleradas para *mobile*. Melhora o *site* e seu conteúdo, sem agravar no carregamento da página, além de o Google priorizar as páginas que aderiram a essa fermenta.

O SEO funciona em parceria com os *sites* de buscas, o Google, por exemplo, filtra as pesquisas dos usuários e passa a disponibilizar assuntos em comum às pesquisas anteriores, para que esse usuário receba as informações de seu interesse.

6.2.2
Links patrocinados

Também chamado de anúncios patrocinados, essa estratégia funciona como meio de divulgar o *site*, mas para isso é preciso pagar pelo serviço de divulgação, sendo um método também empregado pelas empresas que não querem ter tanto trabalho e desejam resultados mais rápidos

Exemplo prático

A empresa realiza um cadastramento no *site* de busca, coloca as palavras-chave, efetua o pagamento na plataforma, tudo isso com o intuito de garantir posição significativa nas redes de buscas. Porém, nem sempre é possível garantir resultados imediatos, tem-se a necessidade de acompanhar seu público--alvo, diferenciar a demanda de clientes como gênero, idade, interesses, regiões.

No ano de 2008, ocorreu de uma empresa virtual de domínio infantil ser vítima de outra que desviou a clientela através de palavras-chave. A empresa fez uso de uma ferramenta de busca para ter o direito de usar o *link* da empresa de referência, como *link* patrocinado.

Não é correto usar de forma indevida as palavras-chave para se aproveitar do sucesso de um *site* já renomado.

Consultando a legislação

De acordo com o art. 170 da Constituição, os cidadãos possuem como princípios baseados na atividade econômica:

I – soberania nacional;
II – propriedade privada;
III – função social da propriedade;
IV – livre concorrência;
V – defesa do consumidor;
VI – defesa do meio ambiente;
VI – defesa do meio ambiente, inclusive mediante tratamento diferenciado conforme o impacto ambiental dos produtos e serviços e de seus processos de elaboração e prestação; [...]
VII – redução das desigualdades regionais e sociais;
VIII – busca do pleno emprego;
IX – tratamento favorecido para as empresas brasileiras de capital nacional de pequeno porte.
IX – tratamento favorecido para as empresas de pequeno porte constituídas sob as leis brasileiras e que tenham sua sede e administração no País. [...]

> *Parágrafo único. É assegurado a todos o livre exercício de qualquer atividade econômica, independentemente de autorização de órgãos públicos, salvo nos casos previstos em lei. (Brasil, 1988)*

BRASIL. Constituição (1988). **Diário Oficial da União**, Brasília, DF, 5 out. 1988. Disponível em: <http://www.planalto.gov.br/ccivil_03/constituicao/constituicao.htm>. Acesso em: 19 jul. 2021.

Os *links* patrocinados são uma oportunidade de alavancar o negócio com o acesso de visitas e reconhecimento da plataforma, especificar as regiões que devem mostrar a página virtual, porém pode ficar em desvantagem por cobrar um preço alto pelo serviço e alguns buscadores não garantir a primeira visibilidade na internet. Por isso, muitas empresas optam pelos serviços de otimização do SEO.

6.3
Uso de *influencers* para promover marcas e produtos

O que mais se encontra, tanto na vida real como nos espaços virtuais, são pessoas em busca de promover sua imagem. Entre os jovens e adolescentes é mais comum encontrar alguém que se permite usar das marcas para mostrar a sua real função no meio digital.

As mulheres ficam à frente dessas ações, tais como: comprar um produto e ao fazer uso do mesmo divulgar em suas mídias sociais, sendo que a loja também aproveita o embalo da espontânea vontade da cliente.

Para Cardoso (2016, citado por Felix, 2017, p. 19-20),

> *As Digital Influencers acabam se tornando espécies de líderes que ditam as tendências a serem seguidas pelo seu público. Elas se tornam um exemplo para suas seguidoras, que adotam determinado estilo semelhante ao seu e com isso passam a "ditar" modelos a serem copiados.*

Geralmente, a empresa contrata pessoas populares para fazer o trabalho de publicidade, em um processo que a cada lançamento de produtos, fotos são tiradas e a divulgação fica de ponta a ponta.

Isso acontece facilmente no mercado de peças íntimas e de roupas em geral, mas em todos os meios comerciais é possível desenvolver esse tipo de projeto.

Sobre essa temática, Adolpho (2011, citado por Felix, 2017, p. 15) enuncia que:

> *De uma hora para outra uma empresa ou marca pode ser endeusada ou odiada pelo mercado, e caso não esteja atenta aos sinais deste, pode não ter tempo de reagir". Por isso, as empresas cada vez mais buscam ferramentas e pessoas com habilidade para fazer publicidade na internet e com competência para consolidar a sua marca no mercado.*

As pessoas da geração X têm dificuldade de entender o porquê de tanta aparição e acabam ignorando o serviço, assim como fazem em relação a outras coisas que não vivenciaram em sua infância.

Já as gerações Y e Z, como se tratam de pessoas já nascidas nesse mundo inovador, sem conhecimento da ausência de conexão digital, se engajam superbem e, para elas, até soa natural esse tipo de atuação diante das redes de internet.

Antigamente, as formas que influenciavam o comércio eram as publicidades feitas através de voz, imagens animadas, atores famosos; e o que promovia um negócio de maior escala eram propagandas na televisão.

Ainda hoje é possível ver um carro de som passeando pelas ruas de uma cidade com o intuito de divulgar um evento qualquer, a inauguração de uma loja, a promoção relâmpago do supermercado, entre outros.

Kotler (2000, p. 33) lembra que "todas as empresas lutam para estabelecer uma marca sólida – ou seja, uma imagem de marca forte e favorável", mas estes são meios ultrapassados que perderam a força por causa das comunicações de mídia. Com a chegada das redes sociais, o boca a boca foi aumentando e facilmente ganhou espaço, tornando-se uma fixação na vida comercial dos empresários e no mundo econômico.

Espontaneidade, conhecimento e segurança são atributos que a sociedade busca e podem ser encontrados em pessoas diversas, que ganharam espaço nas redes sociais para divulgar produtos e ampliar o mercado de diversas empresas no mundo todo, fidelizando clientes e solidificando marcas e estilos de vida.

6.3.1
Formas de promoção através de influenciadores

De acordo com Gomes e Gomes (2017, citados por Felix, 2017, p. 24), "os influenciadores digitais criam e distribuem conteúdos diversificados em múltiplas mídias, estruturando-os em uma narrativa transmidiática". Têm o desejo de alcançar milhares de seguidores, pois é a partir daí que as possibilidades de fechar negócios com grandes empresas se formam. As pessoas muitas vezes são levadas mais pelos influenciadores do que pela própria marca.

O que é

Um **influenciador digital** é a pessoa que mantém seu espaço na internet, com um número elevado de seguidores e usa seus mecanismos de carisma para influenciar e convencer as pessoas de que suas opiniões são seguras e confiáveis.

E é exatamente assim que funciona o processo de conquista do cliente: os usuários digitais podem não conhecer a marca, mas aquele influente muitos conhecem e certamente o público vai parar para ouvir o que ele tem a dizer sobre o produto, e como sua principal função é convencer, torna-se fácil e natural angariar novos consumidores.

Certos comunicadores se tornam conhecidos sem nenhuma intenção: às vezes alguém publica um vídeo ou uma imagem e acaba se tornando meme, comovendo o público e até mesmo reivindicando direitos, dando destaque e consolidando assuntos relevantes. É por isso que pessoas com dificuldades financeiras recorrem muitas vezes às redes *on-line* para ser socorridas; buscam ser notadas e ter sua causa divulgada.

Felix (2017, p. 24) destaca que "muitos influenciadores destacaram-se na web e suas opiniões passaram a ter um alto poder sobre as atitudes, pensamentos e decisões de seus seguidores", como também outros indivíduos fazem de tudo para ter sucesso na internet e não conseguem.

É preciso estar sempre conectado e em busca de novidades para mostrar ao público seu trabalho e força comunicativa.

Conforme Boscariol (2018), existem outras formas de influenciar:

» **Pessoas que usam a própria imagem**: certas celebridades, como modelos e atrizes, se tornam influenciadoras por mostrar seus *looks* e *makes*, não precisando fazer força para convencer alguém que a marca que está usando tem qualidade e beleza.
» **Revolucionários**: são aqueles que costumam reivindicar posições políticas e mostrar ao povo o melhor lado, apontar os erros e defeitos da oposição para fazer com que os indivíduos aceitem seus conteúdos.
» **Competidores lúdicos**: usuários que usam suas habilidades para jogar e interagir com o público, predominando entre crianças e adolescentes. Nesse sistema, os influenciadores fazem vídeos e ao mesmo tempo jogam, fazendo descobertas incríveis que

a maioria dos jogadores comuns não conseguem atingir.

- » **Blogueiros**: atuam com a intenção de divulgar marcas e produtos em troca de promoções ou adquirir gratuitamente os serviços do comércio, além de fazer um contato direto com os usuários virtuais.
- » **Ecossistemas**: grupos de pessoas que apresentam defesas em comum sobre um assunto ou ideias recíprocas de algo. As empresas podem se unir a eles para fazer a divulgação de seus produtos em suas redes sociais e até mesmo formar campanha para o produto.
- » *TrendSetter*: são influenciadores que defendem um tipo de opinião e ficam conhecidos por seu discurso, sendo convidados pelas marcas para fazer o trabalho de campanhas publicitárias em suas empresas.
- » **Jornalistas**: esse tipo de influenciador tem uma presença mais estabilizada nas mídias por ser apto a gerar informações, porém nem todos querem se submeter a posicionamentos impostos por certas marcas.
- » **Internos**: são funcionários que expõem a funcionalidade do produto da empresa e fazem sucesso com as publicações; eles têm certa credibilidade em falar do assunto por conhecer suas funções, porém outras pessoas vão achar que estão querendo apenas vender. O melhor influenciador interno é aquele que usa os produtos e mostra os resultados.

Entretanto, Faria e Marinho (2017, citado por Felix, 2017, p. 25) dizem que "a consequente possibilidade de ganho financeiro causada pelo reconhecimento público do produtor de conteúdo como um influenciador tornou-se uma estratégia mercadológica para as marcas". Como vimos, são inúmeros *influencers* que as empresas podem buscar para fazer o auxílio do sucesso da empresa. Hoje em dia, uma pessoa que exerce o papel de influenciadora pode atuar como um forte potencial na ampliação do negócio, pois a força carismática pode atrair clientes para uma marca mesmo que esta não seja a que apresenta o produto de melhor qualidade.

6.4
Métricas do marketing on-line

As métricas de marketing são dados levantados para compreensão da saída e da entrada do consumo, lucros, vantagens e desvantagens que o negócio vai receber através de uma ação que a empresa promove para seu crescimento.

Quando ocorre um processo de divulgação da marca, por exemplo, as métricas podem orientar como atuar perante o público, apontando a mensagem que deve ser veiculada e as estratégias a serem adotadas.

Algumas métricas podem nos ajudar no direcionamento com os consumidores, tais como:

» **Métricas de atração**: servem para compreender as intenções de seus usuários, como visitas, mensagens positivas ou negativas.
» **Métricas de conversão**: referem-se às avaliações em cliques, visualizações e *likes*.
» **Receita**: permite que a empresa e sua equipe de marketing visualizem boas condições de acolhimento relacionadas.

É fundamental, ao abrir um negócio, conhecer o público-alvo que vai se dispor a conhecer, usar e indicar o que a empresa oferece.

Com esses dados, pode-se elaborar um planejamento de marketing, produzir uma lista de perguntas e buscar as respostas para atribuir aos clientes um bom atendimento e promover relações fidelizadas.

Qualquer tipo de relação tem a pretensão de ser mantida, e no relacionamento comercial não é diferente. Um vínculo que nasce, desenvolve, gera frutos, mas não morre. A empresa cria as relações e os gestores sucessores têm o dever de priorizar a manutenção dos vínculos entre mercado e consumidor. A metodologia do relacionamento segue com a investigação das preferências do consumidor partindo para o desenvolvimento que permite diagnosticar desejos, formular estratégias, produzir vínculos e apreço pelo bom atendimento. É um processo constante que tem a certeza de que as relações devem ser aprimoradas a cada encontro, comercial, campanha, sempre seguindo no caminho da inovação.

6.4.1
Acompanhamentos necessários

Estudar os clientes tem sido uma tarefa de casa para equipes de marketing, pois o consumidor exige cada vez mais, busca novidades e pode ser que uma marca que tanto usava fique de fora em uma escolha pelo fato de não prestar a atenção devida nas novidades tecnológicas e mídias sociais.

Assim, Farris et al. (2007, p. 17) apontam que:

> *As métricas de marketing podem ajudar os administradores a identificar os pontos fortes e os pontos fracos, tanto das estratégias quanto da execução. Matematicamente definidas e amplamente disseminadas, as métricas podem tornar-se parte de uma linguagem operacional precisa dentro de uma empresa.*

As métricas do marketing *on-line* são uma ferramenta que serve para:

» acompanhar os pontos que foram bem-sucedidos e os que não funcionaram, tanto nas campanhas publicitárias feitas nos canais digitais quanto nas redes sociais, *sites* de buscas e relacionamento, *blogs*;

- » detectar o que pode ser feito e retirado do planejamento, visando ao sucesso do negócio;
- » tomar as providências necessárias para promover bons investimentos, e não fazer o uso lucrativo de maneira incerta;
- » visualizar o envolvimento dos consumidores com base na popularidade das campanhas publicitárias;
- » mensurar o retorno do investimento (ROI).

Existem métricas para serem usadas de acordo com cada eixo a ser trabalhado, entre elas:

- » **Métricas sociais**: são aquelas que se unem às redes sociais para buscar o alcance do público, engajamento através dos compartilhamentos e curtidas, seguidores. São úteis para saber a quantidade de pessoas que está interessada nos serviços. Por fim, contribuem para o levantamento métrico em comparação aos anteriores, para identificar os pontos negativos e positivos da empresa, conforme for os resultados, devem ser feitas publicações e popularizar os conteúdos.
- » **Métricas de negócios**: estão relacionadas à parte orçamentaria, lucros, investimentos, saídas dos produtos, métrica de Churn, que indica a perda de clientes
- » **Visitantes**: prestar atenção nos visitantes é importante para seguir o controle do público e formar estratégias que abrem os relacionamentos para quem chega.
- » *Leads* **e taxa de conversão**: são os clientes que confirmam os interesses pelo produto oferecido ao preencher formulários que a empresa enviou.
- » **Clientes**: quando assim chamados, certamente são pessoas que já foram conquistadas e garantiram algum produto da empresa.

Então, as métricas servem para conduzir melhorias tanto para as empresas quanto para os clientes e consumidores em geral.

6.5 Tendências futuras

O marketing, com o propósito de aprimorar suas ações e agradar os consumidores, está sempre em busca das novidades. Dessa forma, Kotler (2000, p. 28) alerta que "a tarefa do marketing é encontrar meios de ligar os benefícios do produto às necessidades e aos interesses naturais das pessoas".

Tendência é o adequadamento das coisas conforme as necessidades vigentes, sem uso de algo totalmente novo. É sempre a inovação de algo que já existe, porém segue gerindo as melhorias de um negócio existente.

Portanto, Kotler (2000, p. 27) reforça o pensamento da seguinte forma:

> Toda oferta de marketing traz em sua essência uma ideia básica. Produtos e serviços são plataformas para a entrega de algum conceito ou benefício. As empresas emprenham-se arduamente na busca da necessidade essencial que tentarão satisfazer.

Exemplo prático

Os óculos *Rift* são usados para explorar a imagem em realidade virtual. Uma tendência clara é que eles se transformem numa plataforma para as marcas trabalharem num futuro próximo. No momento, temos os computadores, *mobiles* e a internet, porém, a realidade virtual deve tomar seu espaço nas próximas tendências e permanecer no mercado com funções de produzir anúncios e publicidade em geral.

No entanto, Kotler (2000, p. 25) pontua que:

> Normalmente, o marketing é visto como a tarefa de criar, promover e fornecer bens e serviços a clientes, sejam estes pessoas físicas ou jurídicas. Na verdade, os profissionais de marketing envolvem-se no marketing de bens, serviços, experiências, eventos, pessoas, lugares, propriedades, organizações, informações e ideias.

Então, dá para relacionar as tendências de consumo com novidades que chegam para melhorar a vida dos consumidores, que são as peças fundamentais para manter as ações de marketing vivas.

Ainda, Kotler (2000, p. 159) comenta que:

> As tendências são mais previsíveis e duradouras. Uma tendência revela como será o futuro. Uma tendência pode se manter por muito tempo – sendo observável em diferentes áreas e mercado e atividades dos consumidores – e é consistente com outros indicadores significativos que ocorrem ou surgem ao mesmo tempo.

Podemos imaginar como serão as tendências conforme enxergamos a conectividade do agora. Se hoje fazemos chamadas de vídeo, futuramente as chamadas em 3-D vão ser normais, e poderemos ver as pessoas como se estivessem dividindo o espaço em que estivermos.

O desenvolvimento da tecnologia fornece o avanço das ações humanas e são por mãos humanas que as tendências surgem, são aprimoradas pelo marketing ou quem quer trazer inovação para seu negócio.

Exercício resolvido

Com a chegada de novas tendências, o normal é nos depararmos com consumidores ainda mais exigentes e também acesso aos múltiplos produtos digitais com alto nível tecnológico.

Aqui no Brasil, qual seria a expectativa de um futuro cliente que executa suas buscas no comércio digital, ou seja, na internet, para comprar um aparelho celular de última geração?

a) Efetuar a compra e dentro de alguns instantes o celular está na casa do cliente.
b) O valor a ser pago não será em dinheiro, pois a moeda digital já ocupa o mercado consumidor.
c) O aparelho será tão completo a ponto de as ligações serem em um novo formato, onde as pessoas verão as outras como se estivessem compartilhando o mesmo ambiente.
d) Um aparelho com câmera de 108 milhões de *pixels*, para que a resolução da imagem fique mais nítida.

Gabarito: *a*

A alternativa está correta, pois a empresa Samsung já lançou no mercado o novo aparelho celular com 108 megapixels, sendo que cada megapixel equivale a 1 milhão de pixels, totalizando 108 milhões de pixels. As outras alternativas são tendências que logo farão parte da vida da massa consumidora, mas ainda é um ponto para esperar.

Conforme Dearo (2015), existem diversos fatores relacionados às tendências:

» **Econômicos**: equilíbrio entre qualidade e preço.
» **De sustentabilidade**: artigos feitos com aproveitamento reciclável ou vindos da natureza.
» **Culturais**: uma região pode atribuir uma tendência de consumo que outra ainda não aceita.
» **Compras via internet**: melhorar os acessos.

As tendências são indispensáveis, pois elas fazem parte do futuro da humanidade, em um ciclo que se renova de tempos em tempos, em constante transformação para o bem-estar de todos.

Síntese

» Rez (2016) entende que, para produzir um conteúdo imbatível, o indicado é identificar suas *personas*, estudar os comportamentos do seu consumidor ideal, para que assim contemple e ofereça os melhores conteúdos.
» Gomes et al. (2021) identificam *Leads* como as pessoas que demonstram interesse na marca e na empresa, como os visitantes, que após receber certas mensagens publicitárias da empresa buscam informações mais precisas.
» Mendonça (2013) destaca que o surgimento dos ambientes digitais acontecem através da evolução e transformações das tecnologias, provocando a interação, participação e colaboração dos indivíduos, além de favorecer o processo de comunicação e propagação de informação.
» Oliveira et al. (2011) relacionam o crescimento do SEO às possibilidades que as empresas podem adquirir como o fortalecimento das marcas, seus produtos e serviços, em ambiente *web*, aumento das margens de lucro, alcance dos primeiros resultados nos mecanismos de busca.
» Cardoso (2016, citado por Felix, 2017) conceitua *digital influencers* como pessoas seguras e com alto poder de liderança que usam suas ferramentas para

criar moda, expor suas opiniões com foco em convencer e ampliar seu público.

» Felix (2017) considera que alguns influenciadores alcançaram sucesso ao expor opiniões e atitudes de destaque, conquistando espaço na sociedade virtual. Assim, o mercado passou a enxergar no alcance de tais pessoas uma estratégia de marketing, apostando em figuras espontâneas e populares para divulgar produtos e serviços.

» Kotler (2000) explica que tudo o que é criado no marketing visa a melhorias. Por isso, as empresas devem se esforçar na busca de necessidades que acarretam na satisfação da clientela.

estudo de caso

Com o surgimento da internet, de início, muitas pessoas observaram e aplaudiram sua agilidade em enviar, receber e gerar informações, porém com o passar do tempo e em curto prazo suas funções se tornaram ainda mais ágeis, por causa do avanço tecnológico que cresce a cada dia. As opiniões se dividiram, muitos a veem como uma fonte de comunicação que antes era impossível: manter contato diário com alguém que estava em outra cidade ou estado, saber as notícias do mundo político, falar diretamente com os famosos. Diante disso, surgem as pesquisas para estabelecer hábitos saudáveis sobre o uso positivo da internet, tirar o melhor proveito da ferramenta, explorando as oportunidades em geral. Outra parte entende a internet como algo que veio para acabar com o contato afetivo entre as pessoas; essas pessoas enxergam a possibilidade de os indivíduos não terem mais o prazer de conversar e trocar ideias cara a cara e com a comunicação permanente. Há quem diga que atos de saudade vão esfriar e um abraço pode ser superado na conectividade virtual.

Assim sendo, é preciso refletir acerca de suas funções e instituir o convencimento de que a internet abre caminhos largos quando voltada para trabalhos rentáveis. Além disso, os usuários podem ter seus direitos violados e sofrer ataques virtuais. Esses cibercrimes se tornaram cada vez mais comuns e, com isso, cresceram as buscas por mecanismos de segurança. Após os diagnósticos realizados, houve aspectos que levaram à formulação de adaptações no mercado consumidor, já que a internet não vai se destituir, pois se trata de um novo provedor comunicativo. A melhor parte é que ela apresenta em suas raízes mecanismos adaptáveis que podem ser atualizados conforme o crescimento tecnológico. Uma das principais características do provedor é a influência de comercialização, que em tudo está presente. Seu ambiente abre espaço para comerciantes e empresas implantarem seus negócios e alcançar um público mais amplo, além de inovar no mercado consumidor e atender às novas gerações que nasceram no mundo digital.

Com inúmeras possibilidades de pesquisa, facilidade de busca, variedade de itens em comum, preços alternativos, as empresas procuram por estudos que façam a diferença e garantam a força da identidade do negócio, garantindo seu destaque no comércio e na vida cotidiana das pessoas. Os consumidores ganharam valor com a chegada do mundo virtual e as marcas foram obrigadas a estudar os tipos de clientes, condicionar não apenas suas formas de vender, mas também sustentar sua lista de consumidores. O marketing é o assunto mais estudado para a produção dos planejamentos das empresas, ganhou seu espaço no mercado porque incorpora e estabelece melhorias no relacionamento entre mercado e consumidor. Outro ponto a estar atento é o acesso às visualizações das críticas, que podem fortalecer ou afetar o nome da empresa.

Acompanhar uma base que envolve os novos meios de relacionamentos, estratégias de vendas e fidelização entre clientes são ações vantajosas para o negócio. Então, nossa fundamentação de destaque está nos pensamentos do considerado Pai do Marketing, Philip Kotler. Ele atenta para uma vivência habitual com os novos meios de comunicação e suas ferramentas inovadoras buscam compreender os consumidores e atribuir estratégias que sempre valorizam os clientes e usuários, que até mesmo só observam os conteúdos, sempre com a visão de alcançar e conquistar maiores números de pessoas e o crescimento das empresas e marcas com o auxílio do ambiente virtual. Com a contribuição de Kotler, podemos compreender que o marketing auxilia no mercado como ponte de relacionamento engajado, percorre na linha que leva a marca ou empresa se transformar uma peça rotineira e normal no cotidiano das pessoas.

Podemos traçar objetivos para a intervenção dos clientes em função de suas necessidades de consumo?

Podemos propor aos usuários da internet os atributos que favoreçam cada pessoa disposta a aceitá-la em seu mercado?

Resolução

Nossa reflexão parte das seguintes perguntas:

» Qual é a intenção primordial da internet?
» Com a velocidade tecnológica, que rumo ela vai nos proporcionar?
» Como é possível ter espaço no mercado com oportunidades para todos?

E para responder a essas questões, vamos adentrar nos conhecimentos que todas as pessoas são capazes de compreender, pelo simples fato de vivenciar uma rotina de conectividade.

» Com o mundo conectado, temos que expor nossas necessidades e limites para fazer um uso moderado e saudável, no qual tudo flua de modo positivo.

» É possível que o futuro seja marcado por máquinas inteligentes e robôs auxiliares, visões artificiais, extinção das cédulas de dinheiro, atendimentos *on-line*, mais clientes nas plataformas virtuais e menos movimentação no comércio físico.

» E com todo esse progresso atual e inovador é possível ter espaço para todos, mas a questão do sucesso depende da comunicação entre empresas e clientes.

» O marketing promove grandes oportunidades e ensina como formar planos de sucesso, porém se o atendimento não for bem-sucedido, tudo pode ir por água abaixo.

» Monitorar o público-alvo permite à empresa entender o perfil geral de sua rede, atender a demanda e alcançar seus objetivos.

» A publicidade deve ser bem-produzida, pois a propaganda é a cara do negócio. Atrair o público com influenciadores hoje em dia tende a dar mais credibilidade ao mercado, porém, antes deve-se conhecer quais valores esse influenciador defende e em quais movimentos ele esteve envolvido nos últimos tempos.

» A internet ganhou força e as mídias tradicionais não são mais as únicas que fazem a marca se tornar conhecida. Fazer publicações nas mídias sociais são preferências da nova geração, já que o público está conectado a maior parte do dia.

» Entender a importância do pós-venda é fazer o cliente importante. Demonstrar que o cliente é importante mesmo depois de a venda ser efetuada é um modo de a empresa sinalizar que pretende manter uma relação de valor. Promover esse valor vai fazer com que o cliente além de usar o produto, divulgue e defenda a empresa no geral, popularizando o bom atendimento.

Dica 1

Muitos são os crimes originados na internet e para isso foram implantadas leis que defendem as vítimas e punem os criminosos. É preciso cuidado por parte dos usuários, para que tais ações não ocorram, mas caso aconteça, um conhecimento de base faz diferença no momento de agir e não agravar a situação.

O vídeo a seguir apresenta 10 dicas para se proteger de invasões de *hackers*. Trata-se de um registro breve, mas bem proveitoso para os casos de *cibercrimes*.

DISPONÍVEL EM: <https://www.youtube.com/watch?v=9R1ojKGybM8>. Acesso em: 21 maio 2021.

Dica 2

Como atribuir uma relação fidelizada entre os clientes com o novo cenário competitivo?

Luísa, da Aliança Empreendedora, explica formas de conhecer os clientes e mantê-los em sua rede de consumidores. Fala sobre como conseguir fidelizar, mostra que clientes fiéis não só usam o produto como também defendem a marca.

DISPONÍVEL EM: <https://www.youtube.com/watch?v=YmSTI7UJ3L4>. Acesso em: 21 maio 2021.

Dica 3

A internet monta e amplia relações entre seus usuários; de fato é um campo para receber e doar informações, compartilhar experiências, atuar no empreendedorismo, divulgar trabalhos, promover marcas e pessoas. Entretanto, tem também o potencial de afetar negativamente; por isso, é preciso ter cautela em tudo o que é publicado.

O livro indicado a seguir fala do marketing como um todo, abrangendo comunicação, vendas, atendimento, publicidade e propaganda, mas destaca a importância da mensagem que será transmitida, qual a influência que ela terá na visão dos consumidores.

TORRES, C. **A bíblia do marketing digital**: tudo o que você queria saber sobre marketing e publicidade na internet e não tinha a quem perguntar. São Paulo: Novatec, 2009.

considerações finais

A internet era uma ferramenta específica de estudo e trabalho, havendo acesso bastante restrito. Atualmente, a internet e a tecnologia fazem parte do nosso dia a dia, aplicando-se tanto a tarefas pessoais quanto profissionais.

Com o objetivo de elencar os principais tópicos aqui trabalhados, destacamos primeiramente a abordagem apresentada no Capítulo 1, em que dissertamos sobre o sucesso do marketing digital e seus pilares para alcançar o público consumidor de maneira natural e espontânea. Também refletimos acerca da comunicação nos dias de hoje, bem como de seus benefícios e suas adversidades, a fim de que você, leitor(a), consiga lidar de maneira inteligente e tirar os melhores proveitos desse mecanismo chamado *internet*.

No Capítulo 2, diferenciamos os tipos de consumidores e comentamos as estratégias de marketing adequadas para se aproximar de cada um deles. Citamos a ampla rede de informação propiciada pela internet às pessoas, os cuidados com os produtos prejudiciais à saúde e as vantagens que o marketing verde oferece às empresas e aos consumidores. Outro ponto abordado nesse capítulo foi a dependência de internet e as reações violentas e abusivas que alguns usuários apresentam, além da busca de formas para se evitar agressões virtuais.

Na sequência, no Capítulo 3, abordamos as ocasiões em que os direitos autorais são aplicados, quem tem direito à privacidade e quem nos assegura isso. Para tanto, tratamos da Lei n. 12.965, de 23 de abril de 2014, que prevê punição para quem viola e invade a privacidade do outro. Versamos sobre os atos que levaram à mudança de comportamento do consumidor diante da mídia, comentando também as vantagens e desvantagens do marketing empresarial digital com a propagação das informações. Encerramos o capítulo com os tipos de invasões no âmbito digital e as medidas de proteção.

Já no Capítulo 4, tratamos sobre as estratégias e razões que o mercado usa para atrair o público-alvo, entendendo como surgiram as modificações no espaço comunicativo. Apresentamos, ainda, o conceito de cocriação de valor *on-line*, além de sugestões de como chamar atenção das pessoas para sua marca por meio da produção da identidade da marca empresarial. As empresas adotam as estratégias conforme seu público-alvo em busca de assumir um compromisso de relacionamento fidelizado com o consumidor.

No Capítulo 5, observamos que o engajamento parte do apreço que um cliente tem por determinada empresa e a relação desse engajamento com as mídias sociais. Comentamos também que, em meio às avaliações, surgem os questionamentos feitos pelo boca a boca eletrônico (eWOM), disponível em qualquer rede. Além disso, o eWOM auxilia os consumidores no momento da tomada de decisões e contribui no mercado, visando detectar suas respectivas falhas.

Por fim, no Capítulo 6, compreendemos as estratégias disponibilizadas pelo marketing de conteúdo para as empresas e a importância das técnicas de SEO. Explicamos o que é negativo e o que é positivo nas plataformas, assim como a importância do perfil dos influenciadores como estratégias do marketing digital e as métricas do marketing.

Partindo desses aportes, acreditamos que as pessoas estão aptas a incorporar as mídias digitais em prol da sobrevivência dos negócios no mercado consumidor, por reconhecer que a visibilidade atual se encontra nos mecanismos de buscas virtuais. Logo, enfrentar a concorrência no mundo competitivo vai fazer toda a diferença no sucesso da empresa.

Assim, é necessário ter atenção e disposição para trocar informações, comunicar-se, divulgar e ingressar – isso tudo faz parte de uma rotina simplificada das ações de marketing, as quais, por sua vez, integram o processo de marketing no mercado consumidor.

referências

AAKER, D. A. **Marcas:** brand equity – gerenciando o valor da marca. São Paulo: Negócio, 1998.

AAKER, D. A; JOACHIMSTHALER, E. **Como construir marcas líderes.** Porto Alegre: Bookman, 2007.

ALBERTINI, A. L.; MOURA, R. M. Comércio eletrônico: seus aspectos de segurança e privacidade. **RAE: Revista de Administração de Empresas,** v. 38, n. 2, p. 49-61, abr./jun. 1998. Disponível em: <https://www.scielo.br/pdf/rae/v38n2/a06v38n2.pdf>. Acesso em: 19 jul. 2021.

ALMEIDA, S. O. et al. Os efeitos da participação em comunidades virtuais de marca no comportamento do consumidor: proposição e teste de um modelo teórico. **Revista de Administração Contemporânea,** Curitiba, v. 15, n. 3, p. 366-391, 2011. Disponível em: http://www.scielo.br/scielo.php?script=sci_arttext&pid=S1415-65552011000300002&lng=en&nrm=iso>. Acesso em: 20 jul. 2021.

AMADO, J. et al. Cyberbullying: um desafio à investigação e à formação. **Revista Interacções,** v. 5, n. 13, p. 301-326, 2009. Disponível em: <https://revistas.rcaap.pt/interaccoes/article/view/409>. Acesso em: 15 jul. 2021.

ATHENIENSE, A. R. Crimes virtuais, soluções e projetos de lei. 29 out. 2004. Disponível em: <http://www.dnt.adv.br/noticias/direito-penal-informatico/crimes-virtuais-solucoes- e -projetos-de-lei/>. Acesso em: 20 jul. 2021.

BAUMAN, Z. Vida para consumo. Rio de Janeiro: Zahar, 2008.

BENTIVEGNA, F. J. Fatores de impacto no sucesso do marketing boca a boca on-line. RAE: Revista de Administração de Empresas, v. 42, n. 1, 2002. Disponível em: <https://www.scielo.br/pdf/rae/v42n1/v42n1a08>. Acesso em: 21 jul. 2021.

BOSCARIOL, M. Como influenciar pessoas: 11 dicas para ser especialista no assunto. 9 jul. 2018. Disponível em: <https://comunidade.rockcontent.com/como-influenciar-pessoas/>. Acesso em: 1º jul. 2021.

BRASIL. Constituição (1988). Diário Oficial da União, Brasília, DF, 5 out. 1988. Disponível em: <http://www.planalto.gov.br/ccivil_03/constituicao/constituicao.htm>. Acesso em: 21 jul. 2021.

BRASIL. Lei n. 9.610, de 19 de fevereiro de 1998. Diário Oficial da União, Poder Legislativo, Brasília, DF, 20 fev. 1998. Disponível em: <http://www.planalto.gov.br/ccivil_03/leis/l9610.htm>. Acesso em: 18 jul. 2021.

BRASIL. Lei n. 13.709, de 14 de agosto de 2018. Diário Oficial da União, Poder Legislativo, Brasília, DF, 15 ago. 2018. Disponível em: <http://www.planalto.gov.br/ccivil_03/_ato2015-2018/2018/lei/l13709.htm>. Acesso em: 21 maio 2021.

BRASIL. Senado Federal. Projeto de Lei n. 2.630, de 2020. Institui a Lei Brasileira de Liberdade, Responsabilidade e Transparência na Internet. Texto inicial. Disponível em: <https://legis.senado.leg.br/sdleg-getter/documento?dm=8110634&ts=1612303001672&disposition=inline>. Acesso em: 14 jul. 2021.

CALHAU, L. B. Bullying: o que você precisa saber – identificação, prevenção e repressão. Niterói: Impetus, 2009.

CAMARGO, G. Entenda o que é cocriação e como colocá-la em prática na sua empresa. 7 fev. 2019. Disponível em: <https://rockcontent.com/br/blog/cocriacao/>. Acesso em: 20 jul. 2021.

CANTARIN, M. M.; VENCI, A. A. Entre o digital e o impresso: a experiência de leitura no Kindle. Revista Falas Breves, Breves, v. 5, p. 110-125, maio/jun. 2018. Disponível em: <http://falasbreves.ufpa.br/index.php/revista-falas-breves/article/view/89/96>. Acesso em: 15 jul. 2021.

CASTELLANO, M.; MEIMARIDIS, M. Netflix, discursos de distinção e os novos modelos de produção televisiva. Contemporanea: Revista de Comunicação e Cultura, v. 14, n. 2, p. 193-209, maio/ago. 2016. Disponível em: <https://cienciasmedicasbiologicas.ufba.br/index.php/contemporaneaposcom/article/view/16398/11510>. Acesso em: 15 jul. 2021.

CASTELLS, M. A sociedade em rede. 8. ed. rev. e ampl. São Paulo: Paz e Terra, 2005.

CASTRO, L. R. de. Participação política e juventude: do mal-estar à responsabilização frente ao destino comum. Revista de Sociologia e Política, Curitiba, v. 16, n. 30, p. 253-268, jun. 2008. Disponível em: <https://www.scielo.br/pdf/rsocp/v16n30/15.pdf>. Acesso em: 20 jul. 2021.

COELHO, B. Avaliação de desempenho: o guia completo para o RH. Impulse. 19 maio 2020. Disponível em: <https://impulse.net.br/avaliacao-de-desempenho/>. Acesso em: 21 jul. 2021.

COMAZZETTO, L. R. et al. A Geração Y no mercado de trabalho: um estudo comparativo entre gerações. Psicologia: Ciência e Profissão, v. 36, n. 1, p. 145-157, jan./mar. 2016. Disponível em: <https://www.scielo.br/pdf/pcp/v36n1/1982-3703-pcp-36-1-0145.pdf>. Acesso em: 14 jul. 2021.

COSTA JÚNIOR, P. J. O direito de estar só: tutela penal da intimidade. São Paulo: Revista dos Tribunais, 1970.

DEARO, G. 11 tendências de consumo que irão mudar os próximos 5 anos. Exame, 16 set. 2015. Disponível em: <https://exame.com/marketing/11-tendencias-de-consumo-que-irao-mudar-os-proximos-5-anos/>. Acesso em: 21 jul. 2021.

DEWEIK, A. 5 passos para ter um bom relacionamento com seus clientes. 21 jul. 2016. Disponível em: <https://endeavor.org.br/marketing/dicas-relacionamento-cliente/>. Acesso em: 21 jul. 2021.

DIAS, R. Gestão ambiental: responsabilidade social e sustentabilidade. São Paulo: Atlas, 2009.

DONATO, H. C. Os aspectos relacionais da cocriação de valor como uma plataforma de engajamento em rede. 320 f. Tese (Doutorado em Administração) – Universidade Municipal de São Caetano do Sul, São Caetano do Sul, 2017. Disponível em: <https://www.uscs.edu.br/pos-stricto-sensu/ppga/doutorado-em-administracao/acervo/2017/TESE_HELLEN_CLAUDIA_DONATO.pdf>. Acesso em: 21 jul. 2021.

DOYLE, D. Ações de engajamento nas empresas para aumentar a produtividade da equipe. 14 mar. 2018. Disponível em: <https://www.siteware.com.br/blog/produtividade/acoes-de-engajamento-nas-empresas/>. Acesso em: 20 jul. 2021.

DUARTE, A. da S. A Revolução da escrita na Grécia e suas consequências culturais. Interface, Botucatu, v. 2, n. 2, p. 205-206, 1998. Disponível em: <http://www.scielo.br/scielo.php?script=sci_arttext&pid=S1414-32831998000100014&lng=en&nrm=iso>. Acesso em: 21 jul. 2021.

DUDZIAK, E. A. Licenças Creative Commons: saiba mais sobre isso. 2016. Disponível em: <https://www.aguia.usp.br/?p=5763>. Acesso em: 18 jul. 2021.

DW BRASIL. 1954: criada a Organização Europeia para a Pesquisa Nuclear. 29 set. 2020. Disponível em: <https://www.dw.com/pt-br/1954-criada-a-organiza%C3%A7%C3%A3o-europeia-para-a-pesquisa-nuclear/a-1342541>. Acesso em: 20 jul. 2021.

EMPRESA JUNIOR MACKENZIE CONSULTORIA. Plano de marketing: tudo o que você precisa saber. Disponível em: <https://www.jrmack.com.br/plano-de-marketing-tudo-o-que-voce-precisa-saber.php?gclid=Cj0KCQiAjKqABhDLARIsABbJrGlR1B7FFvN-MXRRjslMgZuZ4071JTimKnlD6mcz5XBL-Su644Pm16waAoukEALw_wcB4Ps>. Acesso em: 14 jul. 2021.

FADANELLI, E. L.; PORTO, A. P. T. Cibercultura, tecnologias e exclusão digital. Revista Literatura em Debate, v. 14, n. 26, p. 33-44, jul./dez. 2020. Disponível em: <http://revistas.fw.uri.br/index.php/literaturaemdebate/article/view/2407/2914>. Acesso em: 13 jul. 2021.

FARRIS, P. W. et al. Métricas de marketing: mais de 50 métricas que todo executivo deve dominar. Porto Alegre: Bookman, 2007.

FELIX, E. C. O papel das influenciadoras digitais no processo de decisão de compra. Monografia (Graduação em Administração) – Universidade Federal do Rio Grande do Norte, Natal, 2017. Disponível em: <https://monografias.ufrn.br/jspui/bitstream/123456789/6333/1/EloisaCF_Monografia.pdf>. Acesso em: 21 jul. 2021.

FREIRE, E. P. A. Podcast: breve história de uma nova tecnologia educacional. Educação em Revista, Marília, v. 18, n. 2, p. 55-70, jul./dez. 2017. Disponível em: <https://revistas.marilia.unesp.br/index.php/educacaoemrevista/article/view/7414>. Acesso em: 15 jul. 2021.

GOMES, D. et al. **Inbound marketing 2.0**: o futuro do marketing já chegou. Disponível em: <https://cdn2.hubspot.net/hubfs/355484/2.1_Inbound_Marketing_-_O_guia_definitivo.pdf?utm_source=hs_automation&utm_medium=email&utm_conten>. Acesso em: 21 jul. 2021.

HOFFMANN, C. A. K. O comportamento do consumidor, o boca a boca eletrônico (eBAB) e as redes sociais online: conhecimento atual e direções futuras. **Revista da FAE**, Curitiba, v. 20, n. 1, p. 27-41, 2017.

KING, A. L. S.; NARDI, A. E.; CARDOSO, A. (Org.). **Nomofobia**: dependência do computador, internet, redes sociais? Dependência do telefone celular? – o impacto das novas tecnologias no cotidiano dos indivíduos – aspectos clínico, cognitivo-comportamental, social e ambiental. São Paulo. Atheneu, 2014.

KORELO, J. C. **Transgressões do consumidor em relacionamentos com marca e o papel da vergonha**. 151 f. Tese (Doutorado em Administração) – Universidade Federal do Paraná, Curitiba, 2013. Disponível em: <https://acervodigital.ufpr.br/bitstream/handle/1884/32036/R%20-%20T%20-%20JOSE%20CARLOS%20KORELO.pdf?sequence=1&isAllowed=y>. Acesso em: 21 maio 2021.

KOTLER, P. **Administração de marketing**: a edição do novo milênio. São Paulo: Prentice Hall, 2000.

KOTLER, P. **Marketing 3.0**. Rio de Janeiro: Elsevier, 2010.

KOTLER, P.; KELLER, K. L. **Administração de marketing**. 12. ed. São Paulo: Prentice Hall, 2006.

LEMES, L. B.; GHISLENI, T. S. Marketing digital: uma estratégia de relacionamento de marca. In: CONGRESSO DE CIÊNCIAS DA COMUNICAÇÃO NA REGIÃO SUL, 14., 2013. **Anais...** Santa Cruz do Sul, 2013. Disponível em: <https://www.portalintercom.org.br/anais/sul2013/resumos/R35-1737-1.pdf>. Acesso em: 19 jul. 2021.

LÉVY, P. **Cibercultura**. São Paulo: Ed. 34, 1999.

LINDSTROM, M. **A lógica do consumo**: verdades e mentiras sobre por que compramos. Rio de Janeiro: Harper Collins, 2016.

MARTINS, J. R. **Branding**: um manual para você criar, gerenciar e avaliar marcas. 3. ed. rev. e ampl. Global Brands, 2006. Disponível em: <https://fasam.edu.br/wp-content/uploads/2020/07/Branding-um-manual-paravoce-criar-gerenciar-e-avaliar-marcas.pdf>. Acesso em: 20 jul. 2021.

MATTOS, S. **A revolução digital e os desafios da comunicação**. João Pessoa: Editora da UFPB, 2013.

MENDONÇA, M. J. de A. As estratégias de marketing de conteúdo nas mídias sociais: um estudo de caso da campanha de Barack Obama para a presidência dos Estados Unidos em 2008. 66 f. Monografia (Graduação em Comunicação Social) – Instituto de Educação Superior da Paraíba, Cabedelo, 2013.

MONTEIRO NETO, J. A. Aspectos constitucionais e legais do crime eletrônico. 192 f. Dissertação (Mestrado em Direito) – Universidade de Fortaleza, Fortaleza, 2008. Disponível em: <http://www.dominiopublico.gov.br/download/teste/arqs/cp055676.pdf>. Acesso em: 18 jul. 2021.

MOUSINHO, A. O que é SEO (Search Engine Optimization): o guia completo para você conquistar o topo do Google. 16 abr. 2020. Disponível em: <https://rockcontent.com/br/blog/o-que-e-seo/>. Acesso em: 21 maio 2021.

NABUCO, C. Você está dependente de seu telefone celular?. Viva Bem, 22 jan. 2014. Disponível em: <https://cristianonabuco.blogosfera.uol.com.br/2014/01/22/voce-esta-dependente-de-seu-telefone-celular/>. Acesso em: 15 jul. 2021.

OLIVEIRA, A. M. et al. Search Engine Optimization – SEO: a contribuição do bibliotecário na otimização de websites para os mecanismos de busca. Revista CRB-8 Digital, São Paulo, v. 4, n. 1, p. 64-77, 2011.

PEÇANHA, V. Descubra o que é buyer persona e quais os 5 passos essenciais para criar a sua. 4 jun. 2020. Disponível em: <https://rockcontent.com/br/blog/personas/>. Acesso em: 21 jul. 2021.

PESSOTTO, A. H. V.; TOLEDO, G. M. Inimigos mais perto ainda: Globo produz conteúdo para hater e troll. Revista GEMInIS, ano 5, n. 2, p. 79-95, 2014.

PIMENTA, M. Processo de compra: o que é e como funcionam os 5 diferentes estágios. 5 ago. 2020. Disponível em: https://rockcontent.com/br/blog/processo-de-compra/. Acesso em: 21 jul. 2021.

PROCENGE. 5 dicas para atrair clientes e acelerar o crescimento da empresa. Disponível em: <https://blog.procenge.com.br/5-dicas-para-atrair-clientes-e-acelerar-o-crescimento-da-empresa/>. Acesso em: 14 jul. 2021.

RABELO, A. **Transformação digital**: o que é e quais os seus impactos na sociedade. 11 mar. 2020. Disponível em: <https://rockcontent.com/br/blog/transformacao-digital/>. Acesso em: 21 jul. 2021.

REZ, R. **Marketing de conteúdo**: a moeda do século XXI. São Paulo: DVS, 2016.

RUST, R. T.; ZEITHAML, V.; LEMON, K. N. **O valor do cliente**: customer equity. Porto Alegre: Bookman, 2001.

SANT'ANNA, A.; ROCHA JUNIOR, I.; GARCIA, D. L. F. **Propaganda**: teoria, técnica e prática. 8. ed. São Paulo: Cengage Learning, 2009.

SANTOS, A. S. G. dos. **A importância do eWOM na intenção de compra dos consumidores que utilizam plataformas de e-commerce**: o caso dos blogues de moda. 96 f. Dissertação (Mestrado em Marketing e Comunicação) – Instituto Politécnico de Coimbra, Coimbra, 2017. Disponível em: <https://comum.rcaap.pt/bitstream/10400.26/22920/1/Disserta%C3%A7%C3%A3o%20final.pdf>. Acesso em: 21 jul. 2021.

SILVA, B.; DUARTE, E.; SOUZA, K. Tecnologias digitais de informação e comunicação: artefatos que potencializam o empreendedorismo da geração digital. In: MORGADO, J. C.; SANTOS, L. L. de C. P.; PARAÍSO, M. A. (Org.). **Estudos curriculares**: um debate contemporâneo. Curitiba: CRV, 2013. p. 165-179.

SILVA, J. L. C. Informação e valor: inter-relações conceituais e a formação das tipologias valorativas da informação. **Transinformação**, Campinas, v. 29, n. 3, p. 267-278, 2017. Disponível em: <http://www.scielo.br/scielo.php?script=sci_arttext&pid=S0103-37862017000300267&lng=en&nrm=iso>. Acesso em: 21 jul. 2021.

SILVA. R. S. et al. Fatores de relacionamento interorganizacional na manutenção de redes de cooperação. **Revista Raunp**, v. 6, n. 2, p. 101-115, abr./set. 2014.

SONNAR. **Refrigerante**: pesquisas e mais pesquisas apontam muitos malefícios do refrigerante. 11 jan. 2017. Disponível em: <http://www.sonnar.com.br/textos-ver.php?cod=5266#:~>. Acesso em: 21 jul. 2021.

STAZAUSKAS, G. **Comunicação interna *versus* mídias sociais**: o impacto das mídias sociais na comunicação interna das organizações e o papel dos manuais de conduta na orientação do público interno. 188 f. Monografia (Especialização em Jornalismo Institucional) – Pontifícia Universidade Católica de São Paulo, São Paulo, 2011. Disponível em: <http://www.aberje.siteprofissional.com/monografias/GISELLE_STAZAUSKAS%20-%20versao%20final.pdf>. Acesso em: 19 jul. 2021.

TEIXEIRA, A. R. S. **Transição de empresas para uma abordagem omnichannel**: um estudo exploratório de uma empresa de varejo no Brasil. 140 f. Dissertação (Mestrado em Administração) – Escola de Administração de Empresas de São Paulo, Fundação Getulio Vargas, 2017. Disponível em: <http://bibliotecadigital.fgv.br/dspace/handle/10438/18491>. Acesso em: 14 jul. 2021.

TEIXEIRA, M. J. D. R. **O eWOM e a sua influência na intenção de compra dos consumidores portugueses**: o caso dos "amigos" no Facebook. 153 f. Dissertação (Mestrado em Gestão) – Universidade Católica Portuguesa, Lisboa, 2017. Disponível em: <https://repositorio.ucp.pt/bitstream/10400.14/23614/1/Miguel%20Teixeira-eWOM-Tese.pdf>. Acesso em: 21 jul. 2021.

VAZ, C. A. **Google marketing**: o guia definitivo de marketing digital. São Paulo: Novatec, 2010.

VAZ, C. A. **Os 8 Ps do marketing digital**: o guia estratégico de marketing digital. São Paulo: Novatec, 2012.

VELOSO, E. F. R.; DUTRA, J. S.; NAKATA, L. E. Percepção sobre carreiras inteligentes: diferenças entre as gerações Y, X e baby boomers. In: ENCONTRO DA ASSOCIAÇÃO NACIONAL DE PÓS-GRADUAÇÃO E PESQUISA EM ADMINISTRAÇÃO, 23, Rio de Janeiro, RJ, Brasil.

VELLOSO, F. L.; DOMINGUES, A. L. dos S. Segurança e privacidade na internet. **CET: Cadernos de Estudos Tecnológicos**, v. 6, n. 1, jun. 2019. Disponível em: <http://www.fatecbauru.edu.br/ojs/index.php/CET/article/view/416/292>. Acesso em: 18 jul. 2021.

VIANA, A. **Geração dos millennials:** onde vivem, como pensam, como compram e como vendem. 14 abr. 2016. Disponível em: <https://outboundmarketing.com.br/geracao-dos-millennials/>. Acesso em: 20 jul. 2021.

WANDERLEI, F. P. **Crimes cibernéticos:** obstáculos para punibilidade do infrator. 24 jan. 2013. Disponível em: <https://www.webartigos.com/artigos/crimes-ciberneticos-obstaculos-para-punibilidade-do-infrator/103031/>. Acesso em: 19 jul. 2021.

WHEELER, A. **Design de identidade da marca:** um guia completo para a criação, construção e manutenção de marcas fortes. 2. ed. Porto Alegre: Bookman, 2008.

WILSON, J. R. **Marketing boca a boca.** Rio de Janeiro: Ediouro, 1993.

WOODRUFF, R. B. Customer Value: the Next Source of Competitive Advantage. **Journal of Academy of Marketing Science,** Coral Gables, v. 25, n. 2, Spring 1997.

YOUNG, K. **Dependência de internet:** manual e guia de avaliação e tratamento. Porto Alegre: Artmed, 2011.

ZAGO, G. da S. Trolls e jornalismo no Twitter. **Estudos em Jornalismo e Mídia,** v. 9, n. 1, p. 150-163, jan./jun. 2012.

ZEITHAML, V. A. Consumer Perceptions of Price, Quality, and Value: a Means-End Model and Synthesis of Evidence. **Journal of Marketing,** v. 52, n. 3, p. 2-22, 1988.

ZEITHAML, V. A.; BITNER, M. J. **Marketing de serviços:** a empresa com foco no cliente. 2. ed. Porto Alegre: Bookman, 2003.

bibliografia comentada

KOTLER, P.; KARTAJAYA, H.; SETIAWAN, I. Marketing 4.0. Rio de Janeiro: Sextante, 2017.

    Nesse trabalho, os autores versam sobre o que mudou do marketing sem conectividade virtual para o modelo de marketing atual, compreendendo novas ideias de informações e direcionamento ao público. Os autores defendem que a manutenção do relacionamento com os consumidores é uma tarefa importantíssima para a empresa fidelizar seus clientes. Para isso, a organização precisa lançar mão de ferramentas inovadoras que o mundo virtual oferece e uma boa apresentação da marca.

LINDSTROM, M. A lógica do consumo: verdades e mentiras sobre por que compramos. Rio de Janeiro: Harper Collins, 2016.

    Essa obra mostra que todos somos consumidores pela ocasião de sempre estarmos aptos a suprir necessidades próprias. A abordagem destaca o neuromarketing como algo que estimula *as pessoas a consumir certos produtos mediante propagandas e anúncios que priorizam as vontades do consumidor. Além disso, explica como as empresas conseguem vender.*

Rez, R. **Marketing de conteúdo**: a moeda do século XXI. São Paulo: DVS, 2016.

É explicitado nesse material que as pessoas buscam se sentir seguras sobre um produto antes de consumi-lo. A obra auxilia nas práticas de planejamento, tráfego, geração de leads, vendas, tecnologia, ferramentas, tendências, para que assim os leitores, a partir de suas contribuições, consigam se relacionar com as pessoas. Relata que o tempo de atuação do conteúdo deve ser estudado, para que os consumidores não se percam em meio às informações sobre o produto.

Sant'Anna, A.; Rocha Junior, I.; Garcia, D. L. F. **Propaganda**: teoria, técnica e prática. 8. ed. São Paulo: Cengage Learning, 2009.

Essa obra incentiva o leitor a conhecer as definições sobre a publicidade em geral, suas funções e atribuições no mercado consumidor com base em leis específicas, trazendo segurança ao público por meio dos profissionais de pesquisas referentes na área. Disponibiliza os marcos da internet, como a influência no processo ativo do mercado e suas ações em investir na atenção aos indivíduos compradores.

Zeithaml, V. A.; Bitner, M. J. **Marketing de serviços**: a empresa com foco no cliente. 2. ed. Porto Alegre: Bookman, 2003.

Os autores focalizam a centralização no cliente segundo as atividades da empresa, tudo pensando no bem-estar do consumidor. Com essa tese, o livro encontra a solução de sustentar os clientes já ativos e através deles multiplicar sua rede de negócios, mas sempre com o posicionamento de agradar não somente os clientes, mas também quem mostra interesses pelos produtos.

sobre as autoras

Lisiane Lucena Bezerra é professora, licenciada em Ciências Agrárias pela Universidade Estadual da Paraíba (UEPB) e mestra e doutora em Agronomia/Fitotecnia pela Universidade Federal Rural do Semiárido (Ufersa). Tem mais de dez anos de experiência técnico-profissional na área de licenciatura. Atualmente leciona disciplinas no curso de licenciatura em Ciências Agrárias e Agronomia da UEPB.

Jessica Laisa Dias da Silva é graduada em Sistema da Informação e mestra em Sistema e Computação pela Universidade Federal do Rio Grande do Norte (UFRN). Tem experiência na área de informática na educação, com ênfase em mineração de dados educacionais e ensino de programação a crianças e jovens. Realiza trabalhos e pesquisas voltados ao universo dos jogos digitais inseridos no contexto educacional e à disseminação do pensamento computacional para jovens e crianças.

Impressão:
Agosto/2021